길에서
만난
한자

국립중앙도서관 출판예정도서목록(CIP)

길위에서 만난 한자 : 한문 선생님의 교실 밖 한문 수업 /
지은이 : 김동돈. -- 파주 : 작은숲출판사, 2018
      p. ;   cm

색인수록
ISBN 979-11-6035-057-9 03700 : ₩14000

한자(글자) [漢字]
한문 [漢文]

711.4-KDC6
495.7-DDC23   CIP2018039368

한문 선생님의 교실 밖 한문수업

길에서 만난 한자

2018년 12월 24일 제1판 제1쇄 발행

지은이   김동돈
펴낸이   강봉구

펴낸곳   작은숲출판사
등록번호   제406-2013-000081호
주소   10880 경기도 파주시 신촌로 21-30(신촌동)
서울사무소 04627 서울시 중구 퇴계로 32길 34
전화   070-4067-8560
팩스   0505-499-8560

홈페이지   http://cafe.daum.net/littlef2010
이메일   littlef2010@daum.net

©김동돈

ISBN 979-11-6035-057-9 03700
값은 뒤표지에 있습니다.

길에서 만난 한자

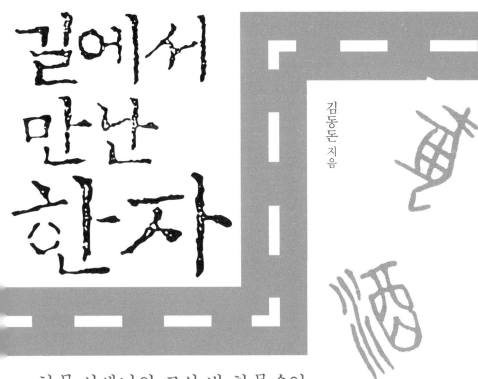

김동돈 지음

한문 선생님의 교실 밖 한문수업

작은숲

서화의 길에서 만난 한자

 # 시의 길에서 만난 한자

역사의 길에서 만난 한자

시대의 길에서 만난 한자

사색의 길에서 만난 한자

한자를 만나는 길에서
생각의 나래를 펼치며

1

길을 가면 여러 가지를 만나죠. 사람, 동물, 건물, 나무…. 하지만 그중에서도 가장 먼저 눈에 들어오는 것은 자신의 관심사와 관계된 걸 거예요. 저는 한자에 눈길이 먼저 가요. 관심이 많기 때문이죠.

한자는 오랜 세월 우리 어문 생활의 중심이었고, 지금도 그 영향은 지속되고 있죠. 우리의 자랑스러운 기록 문화유산이 대부분 한자로 기록된 것이 전자의 증거라면, 우리가 사용하는 어휘의 7할 이상이 한자어라는 것이 후자의 증거겠죠.

그러나 이런 이유 때문만으로 한자에 관심이 가는 건 아니예요. 한자 그 자체가 대단히 예술성이 뛰어나고 이야깃거리를 가진 매력적인 문자이기 때문이에요. 세계적 비디오 예술가 백남준 씨나 애플 최고 경영자였던 스티브 잡스가 한자에 관심이 많았던 것은 바로 이런 점 때문이라고 하죠. 저야 이분들 발치에도 못 미치지만 관심의 정도라면 이분들보다 더하면 더했지 부족하지 않답니다. 게다가 이런 한자들이 모인 문장, 특히 시는 대단히 함축성이 뛰어나 읽으면 읽을수록 새로운 맛을 느낄 수 있기에 관심이 아니 갈 수 없어요.

길을 가다 만나는 한자는 책에서 대하는 한자보다 더 반가워요. 길을 나서는 것 자체가 정해진 틀을 벗어나는 것이라 여러 가지 생각이 자유롭게 피어나는데, 거기다 한자를 만나면 생각의 나래는 과거와 현재를 넘나들며 그야말로 종횡무진 펼쳐지지요.

2

이 책은 이런 길에서 만난 한자에서 비롯된 생각들을 몇 개의 묶음으로 정리한 거예요. 묶음의 내용은 가급적 시간과 시대 순으로 배열했어요. 산만한 글이지만 읽다 보면 일정한 주제 의식을 느끼실 수 있을 거예요. 아울러 생각의 줄기를 이루는 한자들에 대해 상세한 어원 설명을 곁들였어요. 되도록 많은 양의 한자를 소개하고 싶었지만, 지면의 한계와 한자에 익숙하지 않은 분들이 많은 현실을 고려하여 양을 줄였어요.

무위당 장일순 선생은 "좁쌀 한 알에도 우주가 있다"란 말을 한 적이 있고, 장자는 "도는 똥이나 오줌에 있다"란 말을 한 적이 있어요. 작고 보잘것없어 보이는 것에도 전체와 상관있는 그 무엇이 들어 있다는 의미지요. 작은 것도 충분히 아름답다고나 할까요?

한자는 점점 우리 주변에서 사라지고 있어요. 우리말 어휘의 7할 이상이 한자어라고 했지만, 실제 표기는 한글로 음만 표기하다 보니 한자를 쓸 일이 없기 때문이죠. 당연히 길에서 만나는 한자들에 관심을 두는 이들도 드물어요. 이런 한자들에 관심을 두고 뭔가를 말한다는 것이 무슨 의미가 있을까 싶을 수도 있겠지만, 장일순 선생과 장자의 말을 빈다면 무의미하지는 않다고 생각해요. 작고 보잘것없는 속에도 전체와 통하는 그 무엇이 있을 수 있으니까요.

3

애초 블로그에 썼던 글들을 정리해 묶다 보니 현재 시점과 맞지 않는 글들이 있어요. 특히 탄핵정국 무렵과 관계된 글들이 그래요. 처음에는 손을 보려고 했는데, 한겨울 비 내리는 차가운 돌바닥에 앉아 촛불을 들었던 기억을 떠올리니, 차마 손을 볼 수가 없었어요. 독자에 대한 예의가 아닌 줄 알지만, 촛불 혁명의 역사에 참여했던 기억을 남기고 싶어 그대로 뒀어요. 읽는 분들의 양해를 구합니다.

책을 내면서 조재도 선생님과 최은숙 선생님의 도움을 많이 받았어요. 미약

한 인연의 끈을 배경 삼아 무리한 부탁을 드렸음에도 흔쾌히 도와주셨음에 다시 한번 깊이 감사드립니다. 아내(오수익)와 아이들(김한솔·김한결)은 공저자라고 해도 과언이 아니예요. 자료 사진도 찍어 주고 독자의 입장에서 이런저런 조언을 들려 주었을 뿐만 아니라 격려를 아끼지 않았거든요. 끝으로 이 책을 출간해 준 작은숲출판사에 감사드려요. 상업성을 담보하기 어려운 책임에도 출간을 결정해준 용기 있는 결정에 경의를 표합니다.

2018년 11월

김동돈

사람의 길에서 만난 한자

"오늘부터 이 집의 소유자는 당신이 아니고 나요! 여기서 산다면 방 한 칸은 내주겠소. 그러나 꼬박꼬박 세를 내야 하오. 분명히 알아 두시오! 이 집의 소유자는 당신이 아니고 나요!"

일제가 대한제국을 병합했던 경술국치1910는 바로 위와 같은 상황이 아닐까요? 뜬금없이 낯선 사람이 와서 집을 강탈하고 원주인에게 방 한 칸 내주는 것. 게다가 그것을 무슨 은혜나 베푸는 것처럼 말하는 것. 이런 경우를 당한다면 어떻게 해야 할까요? 격렬히 싸우거나 아니면 잠시 침묵을 지키며 되찾을 방법을 찾아야 하지 않을까요? 그러나 결코 자신의 목숨을 끊어서는 안 될 거예요. 더구나 이런 말을 하면서요.

"그간 이 집이 나를 잘 보호해 줬는데, 이제 남의 집이 되었다. 그간 나를 보호해 줬던 집을 생각하니, 이 집을 빼앗긴 마당에 누군가 한 사람은 죽어야 집에 대한 의리인 것 같다."

매천 황현1855-1910이란 분이 있어요. 경술국치를 맞아 자결했던, 지식인의 한 표상처럼 여겨지는 분이죠. 한때는 저도 이 분의 죽음에 경의를 표하며 훌륭한 분이라고 생각했어요. 지식인의 변절이 난무하는 세상에 살다 보니 지조를 위해 목숨을 버린 것에 경외심을 품었던 것이지요. 하지만 최근에 와서 이

秋燈掩卷懷千古
難作人間識字人

가을 등불 아래 책을 덮고
기나긴 역사를 돌이켜보니
글 배운 인간으로서의 구실을 다하기가
이처럼 어려운 줄은 몰랐구나.

방광초등학교에 있는 절명시비. **방광초등학교** 전남 구례군 광의면 수월리 500. 순천완주고속도로 오수IC로 나오면 된다. 1999년 폐교되었으며 현재는 전남교육청 지리산 학생 수련장 전시관으로 사용되고 있다.

분의 죽음이 지니는 가치에 대해 다시 생각하게 됐어요.

황현은 유서에서 자신의 죽음이 갖는 의미를 이렇게 말했어요.

"국가가 선비를 양성한 지 5백 년이 되는데 국치일을 맞아 죽는 선비가 없다면 부끄러운 일이다."

훌륭한 말 같지만, 앞서 든 비유를 생각한다면, 이 말은 결코 훌륭한 말이 될 수 없어요. 오히려 자학에 가까운 부끄러운 말이에요. 나라를 되찾기 위해 열심히 싸우거나 잠시 관망하며 반격할 방법을 찾아야지, 왜 죽느냐 말이지요. 강도 앞에서 자해하거나 자살한다고 강도가 물러나나요? 잠시 놀라기야 하겠

15

지만, 그뿐 아닐까요? 나라를 강탈한 일제 앞에서 부끄러움 운운하며 자결하는 것은 결코 아름다운 행위로 보이지 않아요.

사진은 구례의 방광 초등학교1999년 폐교. 현재는 전시관으로 사용 교정에 있는 매천 황현의 시비예요. 그가 자결에 앞서 남긴 「절명시」의 한 부분을 새겨 놓았어요. 학생들에게 지식인의 지조를 배우라고 세워놓은 것 같아요. 하지만, 제가 보기엔, 자칫 자학적인 지조를 심어 주지 않을까 우려돼요. 물론 변절 지식인에 비해서야 황현의 행위가 더없이 훌륭하다고 평가할 수 있겠지만 배움의 본보기가 되기엔 미흡하지 않나 싶은 거지요.

사진의 한자를 읽어 볼까요?

秋燈掩卷懷千古 추등엄권회천고
難作人間識字人 난작인간식자인

가을 등불 아래 책을 덮고 기나긴 역사를 돌이켜 보니
글 배운 인간으로서의 구실을 다하기가 이처럼 어려운 줄을 몰랐구나

황현의 「절명시」는 총 네 수예요. 이 중 사람들에게 널리 알려진 것은 셋째 수로, 앞 사진의 내용은 셋째 수의 셋째, 넷째 구예요. 첫째, 둘째 구를 갖추어 다시 한번 읽어 보도록 할까요?

鳥獸哀鳴海嶽嚬 조수애명해악빈

槿花世界已沈淪 근화세계이침륜

秋燈掩卷懷千古 추등엄권회천고

難作人間識字人 난작인간식자인

새와 짐승도 슬피 울고 바다와 산들도 찡그리나니

무궁화 이 강산이 기어이 망해 버렸구나

가을 등불 아래 책을 덮고 기나긴 역사를 돌이켜 보니

글 배운 인간으로서의 구실을 다하기가 이처럼 어려운 줄을 몰랐구나

시대의 아픔을 자신의 아픔으로 받아들이는 지식인의 참된 자세를 선명하게 그렸어요. 비록 앞에서 그의 자결에 대해 비판적으로 말하긴 했지만, 지식인으로서 가져야 할 자세는 훌륭했음이 틀림없어요.

길에서 만난 한자어

□ 표상	表象	대표적인 상징
□ 변절	變節	절개나 지조를 지키지 않고 마음을 바꿈
□ 난무	亂舞	마구 날뜀
□ 경외심	敬畏心	공경하면서 두려워하는 마음
□ 자학	自虐	자기 자신을 스스로 학대함
□ 관망	觀望	형편이나 분위기 따위를 가만히 살펴봄
□ 절명시	絶命詩	목숨을 끊으며 지은 시

掩 가릴 엄

扌(手의 변형, 손 수)와 奄(가릴 엄)의 합자. 손으로 가린다는 의미.

예 엄폐(掩蔽)　　가려서 숨김

　　엄호(掩護)　　자기편 부대의 행동이나 목적 따위를 적의 공격이나
　　　　　　　　　화력으로부터 보호함

懷 품을 회

忄(心의 변형, 마음 심)과 襃(품을 회)의 합자. 물건을 품속에 간직
하듯 항상 잊지 않고 생각한다는 의미.

예 회포(懷抱)　　마음속에 품은 생각이나 정

　　회임(懷姙)　　임신을 높여 부르는 말

難 어려울 난

전설의 새인 난새를 그린 것. 난새는 보기 쉽지 않다는데서 '어렵
다'는 뜻으로도 사용.

예 곤란(困難)　　사정이 몹시 딱하고 어려움

　　난이(難易)　　어려움과 쉬움

識 알 식

말(言, 말씀 언)을 통해 상대방 마음의 참과 거짓을 판별함. 言 오
른쪽은 음(직→식)을 담당.

예 인식(認識)　　사물을 분별하고 판단해서 아는 일

　　상식(常識)　　일반 사람으로서 가져야 할 일반적인 지식·이해
　　　　　　　　　력·판단력

　　　젊은 아버지는 길을 떠나기에 앞서 곤히 잠든 어린 자식들
과 아내를 물끄러미 쳐다보았다. 순간 마음이 흔들렸다.

　'내가 이들에게 너무 무거운 짐을 남기고 가는 것은 아닌가?'

　다시 한번 그들의 얼굴을 쳐다보았다. 자신도 모르게 눈시울이 뜨거워졌다.
순간 그는 오치 서숙에서 장원했던 자신의 시를 떠올렸다.

　不朽名聲士氣明 불후명성사기명

　士氣明明萬古晴 사기명명만고청

　萬古晴心都在學 만고청심도재학

　都在學行不朽聲 도재학행불후성

　영원한 명성 선비 기개 밝음에 있나니

　선비 기개 밝고 밝으면 만고에 그 마음 빛나리

　만고에 빛날 그 마음 배움에 달려나니

덕산 충의사에 있는 윤봉길 의사의 한시. **충의사** 충남 예산군 덕산면 시량리 119-1. 서해안고속도로 해미IC나 당진영덕고속도로 고덕IC에서 빠져나와 덕산면 충의사를 찾으면 된다.

배워 행함 속에 영원한 명성 있다네

'그래, 나는 나의 배움을 배반하지 않기 위해 이 길을 떠나는 것이다. 아이들아 그리고 아내여, 너무 무거운 짐을 남기고 떠나 미안하다. 그러나 세월이 흐른 후 언젠가는 나를 이해할 날이 오리라 믿는다.'

젊은 아버지는 마음을 추스리고 방문을 조용히 열었다. 밖은 어둠에 싸여 있었다.

사진의 시는 윤봉길1908~1932 의사 기념관인 충의사에서 찍은 거예요. 그가 서당을 다닐 때 지은 시라고 하더군요. 왠지 홍구 공원 의거 전 조를 알리는 듯한 느낌이에요. 언어는 주술성을 띤다고 하잖아요?

윤봉길 의사가 돌아간 나이는 스물다섯 살이에요. 그에게는 이미 아내와 어린 자식들이 있었어요. 그들을 두고 집을 떠날 때 그의 심정은 어땠을까요? 자신이야 대의를 위해 집을 떠난다지만, 아내와 자식들에게는 몹쓸 짓이 될 수도 있잖아요? 그들에게 가해질 생활고와 일제의 탄압을 생각하면 차마 발걸음이 떨어지지 않았을 거예요. 그때 문득 떠올린 것이 이 시가 아니었을까 싶어 가상의 이별 장면을 그려 봤어요.

윤봉길 의사의 시는 첩자시예요. 각 구절의 끝 세 글자가 다음 구절에 그대로 반복되고 있죠. 얼핏 보면 쉬워 보이지만 운과 내용의 완성도를 고려하면서 반복 구절을 써야 하기에 결코 쉬운 형식의 시가 아녜요. 윤봉길 의사의 시문 실력이 상당했다는 것을 보여 주는 시라고 할 수 있어요.

충의사에는 위 시와 함께 또 한 편의 시가 석각되어 있어요.

木溪一曲水 목계일곡수
修德源自流 수덕원자류
滌吾身汚減 척오신오예
無盡格千秋 무진격춘추

목계시냇물 이름 한 구비
수덕수덕사가 있는 곳 수원에서 흘러 왔다네
탁한 내 심신 맑게 씻어 주나니
끊임없이 무궁토록 흐르리

윤봉길 의사의 생가터 주변에 '목계'라는 시내가 있는데, 이 시내를 두고 지은 시예요. 윤봉길 의사하면 폭탄을 던진 열혈 투사로만 기억하기 쉽죠. 그러나 그것은 그가 역사에 빛을 발한 순간의 모습일 뿐이에요. 그 이전에 긴 평범한 시간이 있었다는 것을 기억해야 할 거예요. 그 시간이 빛나는 역사적 순간을 만들어 냈기 때문이죠. 위 시는 윤봉길 의사가 긴 평범한 시간을 어떻게 보냈는가를 보여 주는 시예요. 그가 의사가 될 수 있었던 것은 자신의 배움에 대한 실천 의지와 평소의 수양이 있었기에 가능했던 것이지, 일시적 열정에 휩싸여 된 것은 아니라고 볼 수 있어요.

🔠 길에서 만난 한자어

☐ 오치서숙	烏峙書塾	윤봉길 의사가 다니던 서당 이름
☐ 전조	前兆	미리 나타나 보이는 조짐
☐ 주술성	呪術性	앞으로 다가올 일을 점치는 성향
☐ 첩자시	疊字詩	끝 구절이 다음 구절의 시작이 되게 짓는 시

썩을 후

木(나무 목)과 丂(공교할 교)의 합자. 썩었다는 의미. 木으로 의미를 표현. 丂는 음(교→후)을 담당.

예 불후(不朽) 영원토록 변하거나 없어지지 아니함
　　후폐(朽廢) 썩어서 쓸모없게 됨

소리 성

耳(귀 이)와 磬(경쇠 경)의 약자가 합쳐진 것. 경쇠가 울릴 때 나는 것처럼 분명하고 확실하게 귀를 통해 들리는 그 무엇이란 뜻.

예 음성(音聲) 사람의 발음 기관에서 나오는 소리
　　성량(聲量) 사람의 목소리가 크거나 작은 정도

갤 청

원래는 夕(저녁 석)과 生(星의 약자, 별 성)의 합자. 비가 개인 후 저녁 하늘에 별이 보인다는 의미.

예 청천(晴天) 맑게 갠 하늘
　　쾌청(快晴) 하늘이 상쾌하도록 맑게 갬

都

모두 도

阝(邑의 약자, 고을 읍)과 者(渚의 약자, 물가 저)의 합자. 수도란 의미. 阝은 뜻을, 者는 음(저→도)을 담당. 모두란 뜻은 본 의미에서 유추된 뜻.

예 도시(都市) 일정 지역의 정치·경제·문화의 중추를 이룬 곳
　　도농(都農) 도시와 농촌을 아울러 이르는 말

23

오두리처럼 살고
싶었던 여인

"어떤 스타일의 남자를 좋아하세요?"

"남자는 그저 처자식 안 굶기고 밤일만 잘하면…."

윤봉길 의사의 부인 '배용순(裵用順)' 여사 묘소 안내판을 보면서 불경스럽게 영화 〈수상한 그녀〉의 대사 한 대목이 떠올랐어요. 노년의 오말순(나문희 분)은 청춘을 돌려주는 사진관에서 젊은 오두리(심은경 분)로 변한 뒤 뜻하지 않은 여러 경험을 하게 되는데, 그중의 하나가 젊은 PD 한승우(이진욱 분)와의 연애죠. 한승우는 젊은 외모에 비해 성숙한 말과 행동을 하는 오두리에게서 모성애를 느껴요. 그러던 어느 날 오두리에게 본격적으로 구애하기 위해 위 물음을 던졌다가 너무도 뜻밖의 대답을 듣고 순간 공황 상태에 빠지죠. 그러다 이내 폭소를 터뜨려요. 걸쭉한 농담으로 받아들인 거죠. 그러나 오두리의 대답은 농담이 아닌 그녀의 삶에서 체득한 진실한 대답이었어요.

배용순. 열여섯 살에 한 살 어린 신랑 윤봉길에게 시집와 7년간 같이 살면서

2남 1녀를 두었고 10년 뒤인 스물여섯 살에 남편을 잃었으며 시부모와 많은 시동생을 거느린 맏며느리로 살다, 여든둘에 생을 마감한 여인. 이 여인에게 남자, 남편이란 어떤 존재일까를 생각할 때, 저 오두리의 대답이 가장 적확한 답이 아닐까 싶더군요.

덕산 충의사에 있는 배용순 여사 묘소 안내문. 윤봉길 의사와 배용순 여사는 부부인데, 윤봉길 의사의 묘는 효창공원에 있고, 배용순 여사의 묘는 덕산 충의사에 있다.

그래서 그랬을까요? 배용순 여사는 자신을 의사의 아내로 여기는 주변의 시선에 부담을 느꼈어요.

"덕산면 우리 집에는 봄과 가을이면 소풍 온 학생들이 마당 가득히 들어서서 '윤봉길 의사'를 기렸다. 나는 학생들이 들이닥칠 때마다 어디론가 숨어 버리고 싶은 충동을 느꼈다. 내가 내 남편의 '장엄한 죽음'을 이해할 수 없기 때문이며, 자랑으로 여길 수 없기 때문이다. 나는 남편의 동상이 효창공원에 세워질 때에도 그 자리에 나가기를 꺼려했고 그 밖에도 남편과 관계된 자리에는 되도록 나서려고 하지 않았다. 한 불행한 아낙네의 삶에 씌워지는 가당찮은 비단옷이 부끄러웠기 때문이다."

조국을 위해 산화한 의사의 아내가 한 말이라기엔 너무도 초라해 보이죠. 그러나 진솔한 고백이란 생각이 들어요. 그녀가 원한 것은 저 오두리가 말한 그런 남편과 행복하게 사는 것이었지 지사의 아내라는 화려한 호칭이 아니었기 때문이죠. 그것은 남편 잃은 그녀에게 가해진 또 하나의 고초였던 셈이에요.

그러나 저는 그녀의 고백이 되려 의사의 아내답다는 생각이 들어요. 거짓으로 남의 기대에 부응하기보다는 진솔하게 자기 마음을 표현했기 때문이죠. 경우가 약간 다를 수 있지만 한 친일파의 후손이 내뱉은 다음 궤변과 비교해 보면 그 진솔함은 더 빛을 발해요.

"우리 할아버지가 친일파라면 일제 강점기 중산층은 다 친일파다."(이인호 KBS 이사장)

배용순 여사는 돌아가서도 남편과 같이 있지 못해요. 배용순 여사의 묘소는 덕산 충의사에 있고, 윤봉길 의사의 묘소는 서울 효창공원에 있거든요. 한평생을 힘들게 보낸 여인에게 너무 가혹한 처사가 아닌가 싶어요.

길에서 만난 한자어

□ 불경	不敬	무례함
□ 폭소	爆笑	갑자기 세차기 터져나온 웃음
□ 궤변	詭辯	거짓을 참인 것처럼 꾸며 대는 논법
□ 가혹	苛酷	몹시 모질고 혹독함

서성거릴 배

衣(옷 의)와 非(아닐 비)의 합자. 특별히 길게 늘어진 옷이란 의미. 衣는 뜻을, 非는 음(비→배)을 담당. 서성거리다란 뜻은 본 의미에서 유추된 뜻.

예 배회(裵回) 서성거림. 徘徊(배회)와 통용.

쓸 용

卜(점 복)과 中(가운데 중)의 합자. 점을 쳐 합당한[中] 결과를 얻었기에 시행에 옮긴다는 의미.

예 용도(用度) 씀씀이
  사용(使用) 일정한 목적이나 기능에 맞게 씀

순할 순

頁(머리 혈)과 川(내 천)의 합자. 머리를 숙여 공손한 태도를 취한다란 의미. 頁은 뜻을, 川은 음(천→순)을 담당

예 순종(順從) 다른 사람의 말이나 의견 따위에 순순히 따름
  순서(順序) 정해진 기준에 따라 구분하여 나열한 것

역사 사

又(手의 변형, 손수)와 中(죽간의 한 부분을 그린 것. 문서의 의미)의 합자. 문서에 군주의 언행을 기록하는 사람 혹은 그 사람이 남긴 기록이란 의미. 여성을 높이는 말로도 사용.

예 사료(史料) 역사 연구의 소재가 되는 자료
  여사(女史) 결혼한 여성을 높여 부르는 말

나는 저항한다.
그로 존재한다

"무정부주의자이면서 어떻게 나라를 위해 그것도 식민지 조선의 독립을 위해 나설 수가 있는가?"

"사랑한다는 건 자아의 확대입니다. 나는 박열을 사랑했고 박열은 조선을 사랑했어요. 그래서 나는 조선을 사랑했고 조선 독립을 위해 나선 것입니다."

영화 〈박열〉을 보셨는지요? 많은 이들에게 잊혔던 한 아나키스트^{무정부주의}자 독립운동가의 삶을 조명한 영화로 2017년 여름 극장가 화제작 중의 하나였죠. 〈군함도〉가 사실 이외의 불필요한 장면 설정으로 논란이 된 데 반해 〈박열〉은 사실에 충실한 영화로 호평을 받았죠. 관객 동원에서는 〈군함도〉가 앞섰지만, 영화의 깊이에서는 〈박열〉이 앞섰다고 할 수 있어요.

영화 〈박열〉의 주인공은 당연히 박열이지만 박열 못지않은 비중으로 다뤄진 인물이 그의 일본인 처 가네코 후미코¹⁹⁰³⁻¹⁹²⁶였죠. 영화에서 가네코는 박열 못지않은 투철한 아나키스트이며, 자신의 신념에 충실하기 위해 목숨까지 거는 당찬 여인으로 그려지죠. 앞 인용문은 가네코가 실제 재판정에서 판사와

나눈 말인데, 그녀의 당찬 일면을 엿볼 수 있는 말이에요.

사진은 영화에서 가네코가 박열과 함께 형무소에서 찍은 사진 일부예요. 이 사진은 결혼 기념사진이었죠. 감옥에 오기 전 두 사람은 동거 상태였는데 재판 이후 대역죄로 사형이 확정될 게 분명했기에 정식 부부

영화 〈박열〉에서 가네코와 박열이 형무소에서 함께 찍은 사진 일부. 가네코가 들고 있는 책 제목은 『신지지(新地誌)』이다. 제목이 예사롭지 않다. **영화 〈박열〉** 일본에서 활동한 독립운동가 박열과 그의 애인이자 아나키스트였던 가네코 후미코의 일대기를 다룬 작품으로, 2017년 개봉. 이준익 감독.

가 되기로 합의하죠. 재미있는 것은 두 사람이 아나키스트답게 전형적인 결혼 기념 사진을 안 찍고 파격적인 사진을 찍었다는 점이에요. 사진을 보면 박열은 의자에 비스듬히 앉아 한 손은 탁자에 올려 턱을 괴고 또 한 손으론 가네코를 안고 있어요. 놀라운 것은 가네코를 안은 손이 그녀의 가슴에 올려져 있다는 점이죠. 가네코 또한 박열의 손을 개의치 않고 박열에게 비스듬히 기대어 책을 읽는 자세를 취해요. 도무지 결혼기념 사진이라고 말하기 어려운 장면이에요. 두 사람은 아나키스트답게 결혼기념 사진에서도 기존의 틀을 벗어나려 투쟁했던 셈이에요.

이런 투쟁의 성과였을까요? 후일 이 사진은 언론에 공개되면서 사회적 물의

를 일으키고 끝내 내각이 해체되는 결과까지 가져오죠.

사진에서 가네코가 들고 있는 책 이름은 '신지지 (新地誌)'예요. '새 지리책' 정도의 의미예요. 이게 실제 가네코가 들었던 책인지 그저 영화 촬영 소품으로 사용된 것인지는 정확히 모르겠어요. 아마도 후자일 가능성이 크지 않을까 싶어요. 그러나 실제이든 우발적 소품이든 가네코가 든 책은 가네코와 잘 어울려요. 가네코가 걸었던 아나키스트의 삶은 매우 새로운 삶이었죠. 일본인으로서 천황제를 반대하고 조선 독립을 지원하며 여성의 독자성을 주장한 것은 새로움을 넘어 혁명적이라고까지 말할 수 있어요. 신지지 역시 과거의 지리책을 벗어나 새롭게 만든 지리책이라고 할 수 있으니 가네코와 더없이 잘 어울리는 소품이죠.

영화 〈박열〉에서 가네코 역을 맡은 최희서는 얼굴이 너무 따뜻하더군요. 연기 자체는 좋았지만, 인물 자체는 가네코와 좀 거리감이 있어 보였어요. 가네코는 매우 차가우면서 히스테릭하게 생겼는데 실제 성격도 그런 일면이 있었다고 해요. 재판을 맡았던 판사에 의하면 "반항적이고 열광적이며 눈물이 많고, 때로 무서울 정도로 히스테릭했다"고 하거든요.

길에서 만난 한자어

□ 신념	信念	굳게 믿는 마음
□ 동거	同居	부부가 아닌 남녀가 한집에서 부부처럼 삶
□ 전형	典型	모범이 될 만한 본보기
□ 우발	偶發	우연히 일어남. 또는 그런 일

새 신

斤(도끼 근)과 木(나무 목)과 立(辛의 약자, 매울 신)의 합자. 나무를 베어 땔감을 장만했다는 의미. 斤과 木은 뜻을, 立은 음(립→신)을 담당. 새롭다는 뜻은 본 의미에서 유추된 뜻.

예 신구(新舊)　　새것과 헌것
　　신문(新聞)　　사건이나 화제를 신속하게 널리 전달하는 정기 간행물

땅 지

土(흙 토)와 也(蛇의 옛 글자, 뱀 사)의 합자. 대지란 의미. 土는 뜻을, 也는 음(사→지)을 담당.

예 지대(地帶)　　한정된 일정한 구역
　　천지(天地)　　하늘과 땅. 우주, 세상

기록할 지

言(말씀 언)과 志(뜻 지)의 합자. 잘 듣고 말로 표현하여 기억한다는 의미. 言은 뜻을, 志는 음을 담당. 기록하다란 뜻은 본 의미에서 유추된 뜻.

예 일지(日誌)　　그날그날의 일을 적은 기록. 또는 그 책
　　잡지(雜誌)　　호를 거듭하여 정기적으로 간행되는 출판물

세찰 렬

灬(火의 변형, 불 화)와 列(벌릴 렬)의 합자. 불길이 드세다는 의미. 灬로 뜻을, 列로 음을 표현.

예 격렬(激烈)　　몹시 세차고 치열함
　　열사(烈士)　　나라가 어려움에 처했을 때 목숨 바쳐 싸운 사람

따따 따 따따 따 따따 단 따 단~

흥겨운 '결혼 행진곡'으로 유명한 멘델스존은 여느 음악가들과 달리 부유한 환경에서 지냈다고 하죠. 그래서 그럴까요? 그의 음악은 밝고 경쾌하죠. 만약 멘델스존이 궁핍한 환경에서 지냈다면 그의 음악도 조금은 무겁고 어둡지 않았을까요? 예술과 경제는 무관한 것 같지만, 예술을 하는 사람도 일면 생활인인 이상, 예술과 경제는 무관하지 않을 거예요. 경제 상황이 어떠하냐에 따라 예술 세계도 그 영향을 받을 것으로 보여요.

수화 김환기1913-1974는 우리나라 추상 미술의 선구자로 알려진 분이죠. 최근에 이 분 작품이 해외에서 63억에 낙찰되어 화제가 됐어요. 우리나라 현대 미술 작품에서 최고가 1~5위에 해당하는 작품이 전부 김환기의 작품이라고 해요. 만일 김환기가 생전에 곤궁하게 지내다 사후에 이렇게 고가의 작품으로 평가받았다면 한층 더 화제가 됐을 거예요.

그러나 김환기는 멘델스존처럼 부유한 환경에서 성장하고 이후도 경제적으로 궁핍하게 지내지 않고 사회적으로도 홍익대학교 학장과 미협 회장 등 인지도 높은 직책을 맡았어요. 게다가 김향안이라는 걸

사진출처 : http://www.hani.co.kr. 김환기의 파리시대에 찍은 사진. 푸른 색을 주로 하여 산, 달, 새, 항아리, 매화 등 한국적 소재를 추상화한 작품을 많이 그렸다. 김환기의 삶을 대변하는 듯한 사진 속 '부귀쌍전'이란 글씨가 눈에 띈다. 본인이 직접 쓴 것인지, 선물을 받은 것인지 궁금하다.

출한 아내의 도움으로 파리와 뉴욕에서 작품 활동을 하기도 했고요. 일제 강점기와 한국 전쟁 그리고 개발 독재 시대를 관통한 삶이었지만, 자유롭게 자신의 예술혼을 펼칠 수 있었던 행운아였죠.

그래서 그럴까요? 그의 작품에 등장하는 주요 소재는 시대의 어려움과는 거리가 있는 자연(달·산·별·매화)이나 고미술품(달항아리)이며, 그의 예술을 특징짓는 '전면점화' 역시 이런 소재와 무관하지 않아요. 그가 주소재로 삼았던 자연이나 고미술품이 극도로 추상화된 것이 바로 전면점화라고 할 수 있거든요.

사진은 김환기의 파리 시대1956-1959 사진이에요. 전 이 사진에서 엉뚱하게도 그의 모습이나 미술 작품보다는 생뚱맞게 벽에 붙어 있는 글씨에 주목했어요. 생뚱맞게 붙어 있긴 하지만 보통 글씨가 아니예요. 전서를 바탕으로 추상

화처럼 표현한 글씨거든요. 그런데 재미있는 것은 그 내용이에요. 마치 김환기의 부족함 없는 삶을 대변하는 듯한 내용이거든요. '부귀 쌍전(富貴雙全)'. '부와 귀를 아울러 갖고 있다'는 의미예요.

김환기나 멘델스존은 예술가 중에 흔치 않은 행운아예요. 그러나 이들이 단순히 행운아에 머무르고 자신의 예술혼을 발휘하는 데 게을렀다면 저명한 예술인이 되지는 못했을 거예요. 풍족하다고 꼭 훌륭한 예술가가 되는 것은 아니니까요. 실제 김환기는 뉴욕 시대1963-1974를 그의 나이 50대에 시작했어요. 자신의 행운을 바탕으로 마음껏 예술혼을 불살랐던 그들의 노력 또한 높이 사야 할 거예요.

김환기의 아내 김향안은 잘 알려진 것처럼, 본래 소설가 이상의 아내였어요. 이상 사후 김환기의 아내가 되면서 성명을 바꿨죠. 본 성명은 변동림이에요. 향안이란 이름은 본래 김환기의 아호였는데, 결혼하면서 자신의 이름으로 삼았다고 해요. 당시로써는 정말 파격적인 변신이었다고 할 만해요. 이런 당찬 면모가 두 천재적인 예술가에게 뭔가 큰 예술적 영감을 주지 않았을까 하는 생각을 해봐요.

길에서 만난 한자어

□ 인지도	認知度	어떤 대상을 알아보는 정도
□ 걸출	傑出	남보다 훨씬 뛰어남. 또는 그런 사람
□ 전면점화	全面點畵	화폭 전체를 점으로 채운 그림
□ 아호	雅號	본명 외에 갖는 호칭을 높여 부르는 말

ㅗ(집 면)과 畐(높을 복)의 합자. 집에 재물을 풍족하게 준비해두
고 있다는 의미.

富
부유할 부

예　부유(富裕)　　재물이 넉넉함
　　빈부(貧富)　　가난함과 부유함

貝(조개 패, 재물 혹은 돈의 의미)와 臾(簣의 초기 형태, 삼태기
궤)의 합자. 삼태기에 재물(돈)을 담아 지불해야 할 정도로 값비
싼 물건이란 의미.

貴
귀할 귀

예　귀금속(貴金屬)　　값비싼 금속. 백금·금·은 따위
　　귀빈(貴賓)　　귀한 손님

又(手의 변형, 손 수)와 隹(새 추)의 합자. 한 손으로 두 마리의 새
를 붙잡고 있다는 의미.

雙
쌍 쌍

예　쌍쌍(雙雙)　　둘 이상의 쌍
　　쌍수(雙手)　　두 손

王(玉의 변형, 구슬 옥)과 入(들 입)의 합자. 옥을 깊숙이 잘 보관
한다는 의미.

全
온전 전

예　완전(完全)　　모자람이나 흠이 없음
　　전체(全體)　　어떤 대상의 모든 부분

이명박 정부 국정원에서 김대중 대통령의 노벨 평화상 수상 취소 청원을 기획했었다죠? 축하하고 또 축하해도 모자랄 경사를 두고 어찌 그런 일을 꾸몄는지 이해하기 어려워요. 솔제니친과 파스테르나크도 소련 정부에서 노벨문학상 수상을 저지당한 일이 있죠. 하지만 수상(솔제니친) 이후 소련 정부가 수상 취소 청원을 기도했다는 말은 들어 본 적이 없어요. 노벨상 수상 취소 청원 기도는 아마 노벨상과 관련한 초유의 일이 아닐까 싶어요.

자랑스러워해야 할 인물이 폄훼된 사례 중에 윤이상1917-1995 선생이 있어요. 해외에서 20세기 5대 작곡가의 한 사람으로 꼽힐 만큼 훌륭한 음악가임에도 불구하고 상찬은커녕 오랫동안 불온인사로 취급당했죠. 친북 성향을 띤 해외 반체제 인사라는 게 그 이유였어요.

동백림(동베를린) 사건으로 무고한 시달림을 받았던 그였기에 반공 이데올로기에 매몰된 남한 정부를 비판한 것은 어찌 보면 그로서는 당연한 행위였는지도 모르겠어요.

친북 성향도 이런 연장선에서 볼 수 있지 않을까 싶고요. 남한 정부와 달리 자신의 음악 세계를 이해하고 포용하려 했던 북한에 대해 친밀한 감정을 아니 가질 수 없었겠지요. 그러나 선생이 친북적인 경향을 띠었다곤 하지만 그가 결코 북한을 추종했던 것은 아니라고 보여요. 해외 범민련 의장직을 사퇴한 것이 그 한 증거인데, 북한이 범민련을 이용한다는 게 그의 사퇴 명분이었어요.

사진출처 : 『시사IN』 527호. 독일 베를린 가토우 공원묘지에 있는 윤이상 묘지명. 2017년 7월 5일 영부인 김정숙 여사가 윤이상 묘지를 참배하면서 선생의 고향인 통영에서 가져온 동백나무를 식수하여 화제가 되었다. 윤이상은 동백림(동베를린) 사건으로 무고한 시달림을 받았다. 동백림 사건은 1967년 9월 8일에 중앙정보부가 발표한 대규모 공안 사건으로, 유럽의 한인 문화예술계 인사들이 동백림 북한대사관을 왕래하며 이적 및 간첩 행위를 했다는 것. 최종심에서 간첩죄가 인정된 사람은 1명도 없었다.

어떻게 보면 선생은 남·북 모두에게 버림받은 불행한 예술가였다고 할 수 있어요. 양 체제가 대립하고 있는 한, 그에 대한 평가는 제대로 내려지기 어려울 듯싶어요. 통일된 이후에나 그를 온전히 평가할 수 있을 거예요.

사진은 이 불행한 예술가의 묘비명이에요. 그의 이름과 함께 그가 생전에 사랑했음직한 말이 함께 새겨져 있어요. '처염상정(處染常淨)'. '오염된 곳에 처해도 항상 맑다'. 연꽃을 말할 때 사용하는 말이죠. 연꽃은 불가에서 '초월,

청정' 등의 상징으로 자주 사용하는 꽃이죠. 묘비명은 그 사람의 생애를 압축적으로 보여 주기에 남다른 관심을 갖게 되는데, 이 묘비명은 한 불행했던 예술가의 묘비명이기에 더욱 관심을 갖게 돼요. 홍은미 씨는 윤이상 선생의 음악 세계를 융합과 조화로 보면서 이렇게 말해요.

"120곡이 넘는 그의 작품들은 전부 서양의 현대음악 어법으로 씌어졌다. 그러나 동시에 그가 나고 자라면서 체험한 한국의 소리가 거의 대부분 작품에 담겨 있을 뿐만 아니라 미학적 사상성에 있어서도 동아시아의 철학이 고스란히 담겨 있다."

그러면서 일례로 윤이상 선생의 출세작 중 하나인 「일곱 악기를 위한 음악」에 대한 당대 음악인들의 감탄을 두 가지로 설명해요.

"하나는 철저히 12음 기법으로 씌어진 작품임에도 불구하고 다른 12음 기법을 쓰는 작곡가들의 작품과 전혀 다른 느낌을 준다는 점이고 또 하나는 악보에 난무하는 수많은 음표들에도 불구하고 느껴지는 단아함, 즉 정중동의 신비감이다."

요컨대 그의 음악은 이질적인 것의 화해가 핵심이라는 것이에요. 이런 의미에서 그의 묘비명 '처염상정'은 이런 의미로 해석해 볼 수 있어요.

연꽃이 아름다운 것은 진흙과 같은 더러운 것이 있기 때문이다. 진흙과 같은 더러운 것이 대비되지 않는다면 연꽃의 아름다움은 생각하기 어렵다. 이렇게 보면 연꽃과 진흙은, 일반적으로 생각하는 것처럼, 상반된 관계라기보다는 상보적 관계로 볼 수 있다. 진흙이 상대적으로 연꽃보다 하위에 놓인 것으로 볼 수도 있지만, 그것은 단견이다. 연꽃에 비해 드러나 보이지 않을 뿐이다. 진흙이라는 영양분이 없으면 연꽃도 아름다움을 드러낼 수 없다는 것을 생각할 때 진흙의 가치는 결코 연꽃에 비해 뒤지는 것이 아니다. 동양 음악은 서양 음악과 대비될 때 그 특성이 드러나며, 서양 음악 또한 동양 음악과 대비될 때 그 특성이 드러난다. 이렇게 보면 동양 음악과 서양 음악은 서로 대척점에 놓인 것이 아니라 서로 도와주는 관계에 놓인다고 볼 수 있고, 양자의 화해는 궁극적으로 '음악'이라는 예술을 한층 더 의미 있고 가치 있게 만들어 준다. 이런 '음악'을 추구한 것이 바로 나의 음악이다.

한편, 처염상정을 일반적 의미 – 초월, 청정 – 로 해석하여 그의 삶을 대변하는 말로 볼 수도 있어요. 세상 그 어떤 세속적 가치에 매몰되지 않고 자신의 이상을 추구하고자 했던 것이 그의 인생이었다고 보는 것이지요. 실제 그에게는 그런 면모가 있어요. 남북한의 상이한 이데올로기[세속]에 매몰되지 않고 민족과 통일[이상]을 우선시했던 것이 그렇지요.

어떻게 보든 처염상정은 그에게 잘 어울리는 묘비명이란 생각이 들어요.

길에서 만난 한자어

☐ 폄훼	貶毀	남을 깎아내리고 헐뜯음
☐ 상찬	賞讚	기리어 칭찬함
☐ 이질	異質	성질이 다름
☐ 화해	和諧	조화와 어울림
☐ 대척점	對蹠點	반대되는 지점

處 곳 처

虍(범 호)와 夂(뒤져올 치)와 几(의자 궤)의 합자. 뒤에서 좇아와[夂] 앞 사람에게 미치듯 의자에[几] 양다리를 이르게 하여 머무른다 (앉는다)란 의미. 夂와 几는 뜻을, 虍는 음(호→처)을 담당. 곳이란 뜻은 본 의미에서 유추된 뜻.

예 처지 (處地)　　처하여 있는 사정이나 형편

染 물들일 염

木(나무 목)과 氵(水의 변형, 물 수)와 九(아홉 구)의 합자. 염색 원료[木]의 액체[氵]를 가지고 여러 번[九] 물들인다는 의미.

예 염색 (染色)　　염료를 써서 실이나 천 따위에 물을 들임
　　전염 (傳染)　　병원체가 어떤 생물체에 옮음

常 항상 상

巾(수건 건)과 尚(숭상할 상)의 합자. 깃발이란 의미. 巾은 뜻을, 尚은 음을 담당. 항상이란 뜻은 본 의미에서 유추된 뜻.

예 항상 (恒常)　　언제나 변함없이
　　상비 (常備)　　필요할 때에 쓸 수 있도록 늘 준비하여 둠

淨 깨끗할 정

氵(水의 변형, 물 수)와 爭(다툴 쟁)의 합자. 깨끗하게 한다는 의미. 氵은 뜻을, 爭은 음(쟁→정)을 담당.

예 정화(淨化)　　불순하거나 더러운 것을 깨끗하게 함
　　청정 (清淨)　　맑고 깨끗함

마지막 보루,
신뢰

"선생님, 정치의 요체는 무엇인지요?"

"배부르게 먹이는 것, 국방을 튼튼히 하는 것, 신뢰를 받는 것을 들 수 있겠구나."

"부득이 하나를 빼야 한다면 무엇을 빼야 할는지요?"

"국방을 튼튼히 하는 것, 그것을 뺄 수 있겠구나."

"하나를 더 빼야 한다면…."

"백성을 배부르게 먹이는 거겠지. 자공아, 백성과의 신뢰는 빼고 더하고의 문제가 아니란다. 그것이 없으면 나라 자체가 존립할 수 없기 때문이지."

『논어』「안연」편에 나오는 자공과 공자의 대화예요. 공자의 답변을 들어보면 일반 사람과 반대로 생각하고 있다는 것을 알 수 있어요. 일반 사람은 이렇게 생각하죠.

'국방이 튼튼해야 외적의 침입을 막을 수 있고 그래야 나라가 유지될 수 있지. 나라가 유지된 다음에야 먹고 사는 문제도 해결할 수 있고. 신뢰? 물론 중요하지! 하지만 그것이 국방이나 경제 문제보다 우선시되기엔….'

41

사진출처 : JTBC뉴스룸(2017. 11. 3. 방송). 제20회 심산상 수상자인 손석희 JTBC 보도부문 사장 (왼쪽). 그가 받은 액자에는 지주반정이라고 써 있다. 심산상은 독립운동가이자 성균관대학교 초대 총장을 지낸 심산 김창숙을 기리는 상이다.

공자는 역시 특별한 사람이에요. 일반 사람과 다르게 생각하는 것을 보면. 그리고 그 다르게 생각하는 것은 일견 순진해 보이지만 실상과 일치해요. 공자의 특별함은 그저 남과 다르기에 특별한 것이 아니라 사태의 본질을 꿰뚫는다는 데에 있어요. 최근 끊임없이 추락하고 있는 이명박 · 박근혜 정부가 분명한 사례예요. 두 정부의 추락은 바로 신뢰의 상실 때문이죠. 이룬 업적도 있으련만 신뢰의 상실 때문에 모두 물거품이 돼버리잖아요?

신뢰의 중요성은 정치뿐만 아니라 모든 분야에 다 필요하죠. 부부 사이도 신뢰가 무너지면 파경을 맞잖아요? 그런데 사회생활을 하다 보면 신뢰를 지킨다는 게 쉽지 않다는 걸 알게 돼요. 더구나 우리처럼 굴곡진 현대사를 겪어온 사람들에겐 적당한 배신이 바람직한 처세술처럼 여겨지기도 하죠. 하지만 이런 상황에서도 신뢰를 지킨 사람들이 있어 감탄과 더불어 시샘을 받는데, 자신도 하고 싶었지만 하지 못했던 것을 이뤄낸 이에게 보내는 이중적 감정일 거예요.

감탄과 시샘을 동시에 받는 인물 중에 손석희 씨가 있죠. 그가 제20회 심산상을 받았다고 하더군요. 최순실 태블릿 PC 보도로 촛불 시위를 촉발시킨 공이라는데, 이는 표면적인 이유이고, 실제는 그가 보여 준 언론인으로서의 신뢰성에 보내는 치하라고 할 거예요.

그의 대국민 신뢰를 단적으로 보여 준 것이 최순실 태블릿 PC 소재처 안내죠. 건물 관리인이 타 방송사 기자들에겐 안 보여주고 JTBC 기자에게만 보여 준 건 순전히 손석희 씨 때문이었다고 하잖아요? 그런데 손석희 씨가 얻은 신뢰는 하루아침에 얻어진 것이 아니예요. 그가 MBC에 근무하면서 소신 있는 방송을 위해 겪었던 어려움은 널리 알려져 있죠. 손석희 씨를 대하면 '신뢰란 이런 것이다'를 보여 주는 살아있는 교과서 같다는 생각이 들어요.

사진은 손석희 씨가 수상 기념으로 받은 액자예요. '지주반정(砥柱反正)'이라고 읽어요. '지주와 같은 굳건한 기개로 (그릇된 길을) 바른길로 되돌려 놓는다'란 의미예요. 황하 중류 지점인 삼문협은 물살이 거세기로 유명한데, 이 중류 지점에 산 모양의 돌출 바위가 기둥처럼 서 있어요. 윗부분이 숫돌처럼 평평해서 이 바위를 지주라고 명명했죠. 지주는 거대한 황하의 물살을 막아서는 모습이라 남다른 느낌을 줘 불의에 맞서는 선비의 굳센 기개로 비유하게 됐어요. 반정은 바른길로 되돌려 놓는다는 뜻이에요. 액자의 내용이 손석희 씨에게 잘 어울려요.

　현재 지주는 삼문협에 댐이 들어서서 그 모양새가 초라하다고 해요. 세월의 흐름에 따른 변화지요. 인정도 세월의 흐름에 따라 변하죠. 손석희 씨도 그럴 가능성이 전혀 없다고는 못하겠죠? 그러나 부디 그런 염려가 기우였으면 좋겠어요.

길에서 만난 한자어

□ 파경	破鏡	부부의 금실이 좋지 않아 헤어지는 일
□ 촉발	觸發	일을 당하여 충동 · 감정 따위가 일어남
□ 치하	致賀	고마움이나 칭찬의 뜻을 표시함
□ 인정	人情	사람이 본디 가지고 있는 감정이나 심정
□ 기우	杞憂	쓸데없는 걱정

石(돌 석)과 氐(근본 저)의 합자. 숫돌이란 의미. 石은 뜻을, 氐는 음 (저→지)을 담당.

> **예** 지려(砥礪)　　　　연마
> 금강지(金剛砥)　　금강사로 만든 숫돌

숫돌 지

木(나무 목)과 主(주인 주)의 합자. 집을 지을 때 핵심[主]이 되는 나무, 즉 기둥이란 의미. 木은 뜻을, 主는 뜻과 음을 담당.

> **예** 지주(支柱)　　　무엇을 버티는 기둥
> 주초(柱礎)　　　기둥 밑에 괴는 돌

기둥 주

손[又, 手(손 수)의 변형]으로 물체를 뒤집어[厂] 놓았다는 의미.

> **예** 배반(背反)　　　믿음과 의리를 저버리고 돌아섬
> 반성(反省)　　　자신의 말, 행동, 생각에 대하여 스스로 돌이켜 생각함

돌이킬 반

一(한 일)과 止(그칠 지)의 합자. 올바른 곳[一]에 머무른다란 의미.

> **예** 정직(正直)　　　거짓이나 허식이 없이 마음이 바르고 곧음
> 정반합(正反合)　　헤겔의 변증법에서, 논리 전개의 삼 단계. 정립 ·
> 　　　　　　　　반정립 · 종합의 뜻

바를 정

서화의 길에서 만난 한자

지사가 발하는 아우라

"적설(積雪)과 한월(寒月)을 대비적(對比的) 배경(背景)으로 삼은 다음에라야만 고요히 피는 이 꽃의 한없이 장엄(莊嚴)하고 숭고(崇高)한 기세(氣勢)에는, 친화(親和)한 동감(同感)이라기보다는 일종의 굴복감(屈伏感)을 우리는 품지 않을 수 없는 것이니, 매화는 확실(確實)히 춘풍(春風)이 태탕(駘蕩)한 계절에 난만(爛漫)히 피는 농염(濃艶)한 백화(百花)와는 달라, 현세적(現世的)인, 향락적(享樂的)인 꽃이 아님은 물론이요, 이 꽃이야말로 이 세상에서 우리가 찾을 수 있는 가장 초고(超高)하고 견개(狷介)한 꽃이 아니면 안 될 것이다."

김진섭 선생의 「매화찬」 일부예요. 만연체 문장의 대표적인 글 중 하나죠. 인용문만 해도 한 문장으로 돼 있어요. 지금 이런 글을 쓰는 분이 있다면 어디에서도 환영받지 못할 거예요.

선생의 문장이 길긴 하지만 핵심 요지는 간단해요. 굴복감·초고·견개가 핵심 단어인데, 이 단어로 위 문장을 정리하면 이래요.

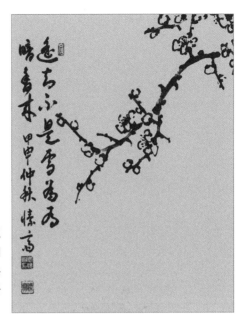
사진은 인사동의 한 음식점에서 찍었다. 북송 시인 왕안석의 시 『매(梅)』의 일부이다. **인사동** 서울 종로구 관훈동에 있는 한국을 대표하는 전통문화 거리이다.

"매화는 초고하고 견개한 꽃이기에 보는 이로 하여금 굴복감을 느끼게 한다."

확실히 매화는 사랑스럽거나 다정스럽기보다는 고고하고 굳센 느낌을 주는 꽃이에요. 김진섭 선생이 말한 대로 "적설과 한월을 대비적 배경으로" 피는 꽃이기 때문이죠. 만일 매화가 "춘풍이 태탕한 계절에" 핀다면 아마도 "난만히 피는 농염한 백화"와 다를 바 없는 느낌을 줄 거예요. 매화를 지사에 견주는 것도 그런 이유 때문이겠죠. 지사는 혹독한 세월을 배경으로 할 때 빛이 나지, 그렇지 않은 시절에는 일반인들과 다를 바 없잖아요?

사진의 한자를 읽어 볼까요?

遙知不是雪 요지불시설
爲有暗香來 위유암향래

멀리서도 알겠네. 눈이 아님을
그윽한 향이 스며오고 있으니

　북송 시인 왕안석1021-1086의 「매(梅)」 일부예요. 적설을 배경으로 하얗게
피다 보니 멀리서 보면 하얀 눈과 구분이 안 될 것 같지만 발산하는 향기 때문
에 절로 구분이 된다고 말하고 있어요. 단순히 매화의 특징을 그린 시라고 볼
수도 있겠지만, 지사가 발하는 아우라를 비유적으로 그렸다고도 볼 수 있어
요. 낙관의 한자는 '갑신 중추 소재(甲申 仲秋 愫齋)'라고 읽어요. '갑신 중추'는
'2004년 8월'의 의미이고, '소재'는 글씨 쓴 분의 아호예요.

길에서 만난 한자어

□ 만연체	蔓衍體	반복 · 설명 · 수식 등으로 문장을 늘인 문체
□ 농염	濃艶	한껏 무르익은 아름다움
□ 지사	志士	숭고한 뜻을 품은 사람
□ 낙관	落款	글씨나 그림에 작가가 자기 이름이나 호를 쓰고 도장을 찍는 일 혹은 그렇게 한 것.

辶(걸을 착)과 䍃(항아리 요)의 합자. 거리가 멀어 왕래하기 어렵다는 의미. 辶은 뜻을, 䍃는 음을 담당.

예 요원(遙遠)　　아득히 멀다
　　소요(逍遙)　　자유롭게 이리저리 슬슬 거닐며 돌아다님

멀 요

矢(화살 시)와 口(입 구)의 합자. 대상에 대해 정확하고 예리하게 [矢] 말할[口] 수 있을 만큼 대상을 잘 알고 있다는 의미.

예 지식(知識)　　알고 있는 내용
　　지성(知性)　　이해하고 판단하는 능력

알 지

雨(비 우)와 彐(彗의 약자, 비 혜)의 합자. 비가 응고되어 내리는 물체로, 빗자루로 쓸 수 있는 것이란 의미.

예 설해(雪害)　　눈으로 인한 피해
　　적설(積雪)　　쌓인 눈

눈 설

日(날 일)과 音(闇의 약자, 어두울 암)의 합자. 햇빛이 비치지 않아 어둡다는 의미.

예 암흑(暗黑)　　어둡고 캄캄함
　　명암(明暗)　　밝음과 어둠

어두울 암

나는
아직도 부족하다

"내가 가야금을 배운 지 60여 년이 되었지만 여전히 미치지 못한다고 생각한다. 뿐만 아니라 조금만 연습을 소홀히 하면 모처럼 얻은 성음을 놓치지 않을까 두려운 마음이 든다."

생전에 가야금 명인 황병기 선생은 팔순을 넘긴 나이에도 자신의 가야금 솜씨에 만족을 느끼지 못한다고 했어요. 보통 사람이 보기에 그만한 실력이면 더 이상 오를 경지가 없을 것 같은데도 만족을 못 느껴 부단히 가야금 연습을 한다 했으니, 과연 명인은 함부로 얻는 칭호가 아니구나 하는 생각이 들어요.

사진은 조선조 18세기 예원의 총수로 불렸던 표암 강세황1713-1791 선생의 「난죽도권난초와 대나무를 그린 두루마리 그림」 낙관 부분이에요. 한자를 읽어 볼까요?

趙松雪畵後 乃敢泚筆亂寫 可謂膽如斗矣 憼惶殺人 庚戌仲春 豹翁書 時年七十有八 조송설화후 내감체필난사 가위담여두의 참황살인 경술중춘 표옹서 시년칠십유팔

송설 조맹부의 그림 뒤에 감히 붓을 들어 되잖은 그림을 그렸으니 무모하다 이를 만하다. 부끄럽고 두려워 죽을 지경이다. 경술년 (1790) 중춘(음력 2월)에 표암 늙은이 쓰다. 내 나이 78세 때이다.

단원 김홍도의 스승이자 당시 예원의 총수로 불렸던 이가 한 말치고는 너무 겸손하여 읽는 이들이 어리둥절할 지경이에요. 더구나 이 작품이 생을 마감하기 한 해 전에 완성된 것임을 상기할 때 낙관의 내용은 자학에 가까울 정도의 겸사를 사용했다는 생각을 지울 수 없어요.

"시원시원한 구성과 완숙한 필력으로 그려졌다. 평생의 필력을 다 쏟아부은 강세황 사군자의 대표작이라 할 수 있다."(민길홍) "습윤한 수묵법의 바위와 속도감 있게 처리된 경쾌한 갈필법의 난엽과 댓잎은 농담과 소밀의 대조만큼이나 정확하고 분명하다. 이 작품에서 드러나는 노숙하면서도 전형화된 필치는 만년기 강세황의 죽석, 난초 그림에 드러나는 특징이다."(2013 국립중앙박물관 강세황 특별전 해설)

이런 후대의 평가를 들어보면 선생의 겸사에 대해 갖는 의아스러움은 더욱 증폭되죠.

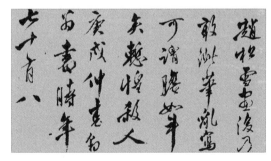

18세기 예원의 총수로 불렸던 표암 강세황의 『낙죽도권』 낙관 부분. 인천국제공항에서 찍은 사진. 인천국제공항은 국내외 탑승객들을 위해 한국 전통문화재를 전시하고 있으며, 한국문화를 알리는 공연 및 이벤트 행사도 주기적으로 열고 있다. **인천국제공항** 인천시 중구 운서동 2840번지.

선생은 정말 자신의 말처럼 자신의 작품에 자신이 없었던 걸까요? 객관적 호평과는 달리, 어쩌면 실제 그랬을지도 모르겠어요. 그 자신이 설정한 기준에서 보면 말이죠. 가야금 명인 황병기 선생이 자신의 가야금 연주에 만족을 느끼지 못했던 것과 같다고나 할까요?

황병기 명인이나 강세황 선생이 훌륭한 예술가라는 점은 바로 이 점에 있다고 보여요. 평범한 사람이라면 만족하고도 남을 경지에 이르렀건만 더 높은 곳을 향하여 끊임없이 매진하는 그 열정과 성실 말이죠. 두 예술가에게서 배워야 할 점은 그들의 높은 예술적 성취이겠지만 그보다 그들의 예술에 대한 열정과 성실이 우선 아닐까 하는 생각을 해봐요.

아래 그림은 「난죽도권」 그림 부분이에요. 글씨와 그림의 사진은 인천공항에서 찍었어요. 모사품이고, 진본은 국립중앙박물관에 있어요.

길에서 만난 한자어

□ 예 원	藝苑	예술가들의 사회를 아름답게 이르는 말
□ 겸 사	謙辭	겸손한 말
□ 모사품	模寫品	원작을 그대로 옮기어 그린 미술 작품
□ 진 본	眞本	저자가 직접 쓴 책이나 화가가 직접 그린 그림

氵(水의 변형, 물 수)와 此(이 차)의 합자. 물이 맑다는 의미. 氵는 뜻을, 此는 음(차→체)을 담당. 담그다란 뜻은 본 의미에서 유추된 뜻.

예 체필(泚筆)　붓으로 먹물을 찍음

담글 체

宀(집 면)과 舃(신발 석)의 합자. 다른 장소에 있는 물건[舃]을 현재 장소[宀]에 가져다 놓았다는 의미. 宀은 뜻을, 舃은 뜻과 음(석→사)을 담당. 베끼다란 뜻은 본 의미에서 유추된 뜻.

예 복사(複寫)　문서 · 그림 · 사진 등을 복제함
　　사본(寫本)　원본을 사진으로 찍거나 복사하여 만든 책이나 서류

베낄 사

心(마음 심)과 斬(벨 참)의 합자. 목을 잘라버리고 싶을 정도로 부끄럽다는 의미. 心은 뜻을, 斬은 뜻과 음을 담당.

예 참괴(慙愧)　매우 부끄럽게 여김
　　참회(慙悔)　부끄러워서 뉘우침

부끄러울 참

忄(心의 변형, 마음 심)과 皇(클 황)의 합자. 성대(盛大)한 것 앞에서는 두려움 마음이 든다는 의미. 忄은 뜻을, 皇은 뜻과 음을 담당.

예 황공(惶恐)　위엄이나 지위에 눌려 두려워 함
　　황송(惶悚)　분에 넘쳐 고맙고도 송구하다

두려울 황

추사 만년 최고의 해서

"어어어~"

성문 현판을 쓰기 위해 긴 사다리를 걸쳐 놓고 올라간 명필. 커다란 붓에 먹물을 듬뿍 묻혀 한 점을 찍은 찰나, 누군가 사다리를 치워 버렸어요. 명필의 글씨를 보기 위해 모였던 사람들은 깜짝 놀라 자신도 모르게 소리를 질렀지요. 그런데 바닥으로 떨어질 줄 알았던 명필은 그대로 있었어요. 점을 찍은 붓에 의지해 허공에 매달린 채로.

초등학교 때 본 만화의 한 장면이에요. 신기한 것을 좋아하는 어린 시절에 본 장면이라 오래도록 기억에 남아요. 고창 선운사에 갔다가 어렸을 적 만화에서 본 그 장면의 주인공이 썼음직한 글씨를 보았어요. 바로 추사 김정희 선생이 쓴 백파 선사 비문이에요. 혼신의 힘을 기울인 글씨는 빗돌을 뚫을 듯한 느낌을 주더군요. 과연 명필은 명필이구나 하는 생각이 절로 들었어요.

사진의 한자를 읽어 볼까요? 華嚴宗主 白坡大律師 大機大用之碑화엄종

주 백파대율사 대기대용지비. 의미를 알아볼까요? 화엄종주는 화엄학「화엄경」에 관한 학문의 최고 인물이란 뜻이고, 백파는 비의 주인공인 긍선1767-1852의 법호승려가 본명 이외에 갖는 호며, 대율사는 불교 계율불교 신자가 지켜야 할 규범에 정통한 승려라는 뜻이고, 대기대용은 부처님의 마음대기과 가르침대용 모두에 통달했다는 뜻이에요(대기·대용에 대해선 다양한 해석이 있는데, 저는 유홍준 교수의 설명을 따랐어요). 한마디로, '승려로서 갖춰야 할 세 가지 요소인 계(계율)·정(수행)·혜(지혜)를 구비했던 백파 스님의 비'라는 의미예요.

한때 추사 김정희 선생은 선(禪)의 구분을 놓고 백파 선사와 논쟁을 하면서 감정적인 언사로 선사를 반박한 적이 있어요. 하지만 그가 돌아간 후 흔쾌히 비문을 짓고 쓴 것을 보면 선사에 대한 존경심을 간직하고 있었던 것 같아요. 실제 비문 뒷면에도 이를 짐작케 하는 대목이 나와요.

고창 선운사에 있는 백파선사비. 추사 김정희가 썼다. 백파선사비는 선운사 부도전에 있다. **선운사** 전북 고창군 아산면 삼인리 500. 서해안고속도로 고창 IC에서 나오면 된다.

"예전에 나는 선사와 편지를 주고받으며 논변한 적이 있다. 이를 두고 세상 사람들이 함부로 이러쿵저러쿵하는데, 실상과 크게 다르다. 이에 대해서는 오직 백파와 나만이 안다. 수없이 설명한다 해도 사람들은 알아듣지 못할 것이다. 어찌하면 스님을 다시 일으켜 마주 앉아 크게 한번 웃을 수 있을까."

이 비문 글씨는 추사 선생 만년의 최고 가는 해서·행서로 평가받아요(전면은 해서, 후면은 행서). 그런데, 현재 세워져 있는 비석은 아쉽게도 모조품이에요. 워낙 많은 이들이 탁본을 떠가다 보니 비석에 손상이 생겨 모조품으로 대체해 놓은 거죠. 하지만 모조품이긴 해도 추사체의 특징인 '힘[力]'을 충분히 느낄 수 있어요. 유홍준 교수는 이 비석을 두고 글씨를 쓴 추사 선생도 위대하지만 그것을 비석에 새긴 이름 모를 석공의 솜씨 또한 훌륭하다고 칭찬한 적이 있는데, 이 모조품을 만든 이름 모를 석공의 솜씨 또한 칭찬할 만해요.

추사체의 가장 큰 특징은 '기괴'죠. 기괴의 특징은 파격인데, 재미있는 것은 추사 선생이 전통적인 서예 수련 과정을 무척 강조했다는 점이에요. 해서의 전범이라 할 당대의 구양순과 저수량 등의 글씨를 충분히 수련하고 이후 시대를 거슬러 올라가며 서법을 수련할 것과 많은 법첩들을 열람할 것을 강조하고 있거든요. 아울러 충분한 독서도 강조하고 있고요. 추사체의 기괴는 이른바 법고창신의 전형적인 예라고 할 거예요. 기본기를 등한시한 채 어설픈 파격을 창조입네 과시하려는 서예인들이 본받아야 할 점이라고 보여요.

길에서 만난 한자어

☐ 명필	名筆	매우 잘 쓴 글씨 혹은 그러한 글씨를 쓴 사람
☐ 기괴	奇怪	기이하고 괴상함
☐ 파격	破格	격식을 벗어남
☐ 법첩	法帖	잘 쓴 글씨로 만든 서첩
☐ 법고창신	法古創新	옛 것을 본받고 이를 바탕삼아 새로운 것을 지음

우두머리 종

宀(집 면)과 示(神의 약자, 귀신 신)의 합자. 조상의 신주를 모신 사당이란 의미. 우리머리란 뜻은 본 의미에서 유추된 뜻.

예　종가(宗家)　　한 문중에서 맏이로만 이어온 큰집
　　유종(儒宗)　　유학에 통달한 권위 있는 학자

고개 파

土(흙 토)와 皮(가죽 피)의 합자. 고개 혹은 둑이란 의미. 土는 뜻을, 皮는 음(피→파)을 담당.

예　파안(坡岸)　　제방
　　파타(坡陀)　　경사지고 평탄하지 아니한 모양

법 률

彳(걸을 척)과 聿(붓 률)의 합자. 가락을 조율하는[彳] 악기라는 뜻. 彳은 뜻을, 聿은 음을 담당. 법이란 뜻은 본 의미에서 유추된 뜻.

예　조율(調律)　　서로 다른 의견 따위를 알맞게 맞춤
　　법률(法律)　　사회생활을 유지하기 위한 강제적인 규범

기틀 기

木(나무 목)과 幾(기미 기)의 합자. 베틀이란 의미. 木은 뜻을, 幾는 음을 담당. 기틀이란 뜻은 본 의미에서 유추된 뜻.

예　기계(機械)　　그릇 · 연장 · 기구 따위의 총칭
　　기회(機會)　　어떤 일을 하기에 알맞은 시기나 경우

"까레이 후라(대한 만세)!"

1909년 10월 26 하얼빈 역. 기차역에서 내린 이토오 히로부미를 향해 총 세 발을 쏜 안중근1879-1910. 한 발도 실수 없이 저격하여 이토오를 즉사케 했고, 남은 총알로 여타 일본의 중요 인사들을 저격하여 중상을 입혔어요. 그리고는 바로 품에서 태극기를 꺼내 큰소리로 외쳤어요. 당시 기차역에 모인 이들이 러시아 인이었기에 그들이 알아듣도록 러시아어로 외쳤죠.

안중근은, 잘 알려진 것처럼, 재판을 받을 때 자신을 전쟁 포로로 대우해 달라고 요구했어요. 일개 암살범이 아닌 대한의군 참모중장으로서 말이죠. 그리고 시종일관 이토오 히로부미 저격에 대한 정당성을 정연하고 당당하게 말했죠. 러일 전쟁 당시 일본에 대한 원한에도 불구하고 한국과 중국이 일본에 협력한 것은 그들이 내세운 '동양평화를 유지하고 대한 독립을 공고히 한다'라는 명분 때문이었는데, 러일 전쟁 승리 후 대한제국을 병합하고 중국을 넘보는 것은 대의를 잃은 것이며 동양 평화를 해친 것이었기에 그 주역인 이토 히로부미를 죽이는 것은 정당한 행위였다고 말이에요.

안중근의 정연한 논리와 당당한 자세는 재판관과 간수들을 감탄케 했어요. 간수 중에는 그런 안중근을 흠모하여 글씨를 부탁한 이들이 있었는데, 안중근의 유묵이 일본에 많이 남아있는 것은 이런 이유 때문이죠.

사진의 글씨는 안중근이 여순 감옥에 있을 때 쓴 거예요. 본문은 '恥惡衣惡食者 不足與議 치악의악식자 부족여의'라고 읽어요. 낙관은 '庚戌三月 於旅順獄中 大韓國人 安重根 書경술삼월 어여순옥중 대한국인 안중근 서'라고 읽고요. 본문은 '남루한 옷을 입고 형편없는 음식을 먹는 자신의 처지를 부끄러워한다면 이런 자와는 함께 (도를) 말하기 어렵다'란 의미이고, 낙관은 '경술년1910 3월 여순 옥중에서 대한국인 안중근 쓰다'란 의미예요. 본문은 『논어』 「이인」편에 나오는 내용인데 안 의사 글씨에서는 '선생님께서 말씀하셨다. 선비가 도에 뜻을 두고 있다고 하면서(子曰 士志於道而)'란 내용이 생략되어 있어요.

안중근은 집안이 넉넉해서 여유 있게 살 수 있는 형편이었지만 일부러 험한 길을 택했어요.

안중근의 유묵으로 1910년 여순감옥에서 썼다. 박정희 대통령 당시 청와대에 있었는데, 박정희 대통령 사후 행방불명되었다.

그 택한 길을 '도의 추구'라고 할 수 있겠지요. 사재를 털어 학교를 세웠으며 독립운동에 자신의 삶을 던졌어요. 그런 그에게 먹을 것 입을 것을 걱정하는 것은 비루한 일로 여겨졌을 거예요. 사진의 본문은 비록 공자의 말이지만, 안중근 자신의 말이기도 할 거예요.

안중근의 글씨를 대하면 반듯함과 초탈함 그리고 과감함이 느껴져요. 위에 말한 그의 삶이 글씨에 투영됐기 때문에 그럴 거예요. "글씨는 곧 그 사람이다" 란 말이 있는데, 결코 빈말이 아니란 것을 실감해요.

현재 사진의 안중근 유묵은 행방불명 상태라고 해요. 누가 소유하고 있을까요? 분명한 것은 현재 이 유묵을 소장하고 있는 이는 안중근이 쓴 이 글의 내용과 배치되는 삶을 사는 사람일 거라는 점이에요. 그렇지 않으면 왜 감추고 세상에 내놓지 않겠어요? 어떠한 상황에서도 당당한 삶을 사는 사람, 그런 이가 안중근의 유묵을 소유해야 할 것 같아요. 그렇지 않으면 목숨 바쳐 나라의 독립을 찾으려 했던 고인을 욕보이는 거라는 생각이 들어요.

길에서 만난 한자어

□ 정연	整然	짜임새가 갖추어지고 조리가 있음
□ 유묵	遺墨	생전에 남긴 글씨나 그림
□ 비루	鄙陋	낮고 보잘 것 없음
□ 초탈	超脫	세속적인 것이나 일반적인 한계를 벗어남
□ 투영	投影	어떤 일을 다른 일에 반영하여 나타냄
□ 고인	故人	돌아간 사람

恥 부끄러울 치

心(마음 심)과 耳(귀 이)의 합자. 마음속에 부끄러운 점이 있어 귀가 빨개졌다는 의미. 心은 뜻을, 耳는 뜻과 음(이→치)을 담당.

예 수치(羞恥)　부끄러움 치욕(恥辱):수치와 모욕

惡 악할 악

心(마음 심)과 亞(버금 아)의 합자. 고의로 행한 추한 일이란 의미. 心은 뜻을, 亞는 뜻과 음(아→악)을 담당.

예 악행(惡行)　악독한 행위
　흉악(凶惡)　성질이 사납고 모짊

與 더불 여

두 사람이 물건을 서로 주고받는 모습을 그린 것.

예 허여(許與)　권한이나 자격 따위를 허락하여 줌
　참여(參與)　어떤 일에 끼어들어 관계함

議 의논할 의

言(말씀 언)과 義(옳을 의)의 합자. 사리의 올바름에 대해 서로 의견을 나눈다는 의미. 言은 뜻을, 義는 뜻과 음을 담당.

예 토의(討議)　어떤 문제에 대해 검토하고 협의함
　의논(議論)　어떤 일에 대하여 서로 의견을 주고받음

우리 글씨의
길을 찾다

"방에 책이 없는 것은 몸에 정신이 없는 것과 같다 / 키케로 의 말 소전 손재형 쓰다"

교학사에서 펴낸 『필승』이란 참고서 뒷면에 인쇄된 내용이에요. 이 참고서 를 접한 것이 중학교 2학년 때이니 벌써 38년 전이네요. 오랜 시간이 지났음에 도 이 내용을 기억하는 것은 이 내용을 쓴 글씨가 특이했기 때문이에요. 후일 이 특이한 글씨체가 '소전체'라는 것을 알게 됐어요. 소전체의 대표적인, 아니 대중적인 작품은 『샘터』와 『바둑』이란 잡지의 제 호예요. 한 번쯤은 보시지 않 았을까 싶네요. 소전은 손재형1903-1981의 아호예요.

손재형은 근현대 서예가로, 추사 이후 첫 손으로 꼽히는 서예가죠. 손재형 하 면 떠오르는 단어는 '서예'와 '세한도'예요. 손재형은 해방 이후 서예라는 용어를 처음 사용한 사람이에요. 유학 교과였던 육예의 '예'와 육예 중 한 과목이었던 '서'를 합쳐 만든 서예란 용어는 중국의 서법과 일본의 서도란 용어에 비해 서의 예술적 풍미를 강조한 용어죠. 서법과 서도란 용어를 차용할 수도 있었을 텐데 군이 새로운 용어를 쓴 것은 우리 글씨의 자주성을 드러내려는 의지에서 비롯됐다고 할 수 있을 거예요. 손재형이 한글 서예의 신기원을 연 것도 이런 의지와 상관성이 있을 거고요.

경주 불국사 관음전의 현판. 일본인이 소유하고 있던 세한도를 돌려받고 서예란 말을 처음 사용한 소전 손재형의 글씨. 관음은 세상의 모든 소리를 살펴본다는 뜻이다. **불국사** 경북 경주시 진현동 16-1. 관음전은 대웅전과 강당인 무설전 뒤편 언덕에 있다.

그가 일본인 후지즈카에게서 추사의 세한도를 돌려받은 것도 같은 맥락이라고 보여요. 그가 세한도를 돌려받기 위해 애쓴 일화는 널리 알려져 있죠. 석 달 넘게 일본 동경에 머물며 후지즈카를 설득해 대가 없이 돌려받았다고 해요. 추사를 연구하여 박사 학위를 받았던 후지즈카가 세한도를 손재형에게 대가 없이 돌려줬다는 것은 손재형의 정성이 그만큼 극진했으리라는 것을 반증해요.

재미있는 것은 세한도를 돌려받은 지 얼마 안 있다 후지즈카의 집이 미군의 공격으로 전소됐다는 거예요. 이런 우연의 사건 때문에 혹자는 하늘이 손재형을 시켜 세한도를 구하게 했다고도 말하고, 역으로 손재형의 정성이 하늘을 감동시켜 세한도를 구하게 됐다고도 말하죠. 안타까운 것은 이렇게 돌려받은 세한도를 그가 말년에 선거 자금으로 저당 잡혔다가 끝내 회수하지 못했다는 점이에요. 하지만 세한도를 되찾아 온 그의 공은 절대 퇴색되지 않을 거예요.

사진은 '관음전(觀音殿)'이라고 읽어요. 왼쪽의 낙관은 '소전(素荃) 손재형(孫在馨)'이라고 읽고요. 경주 불국사에서 찍은 거예요. 아는 분의 글씨라

그런가 한결 더 정감 있게 와닿더군요. 관음은 관음보살의 준말이고, 전은 최고의 존재가 거처하는 집이란 의미예요. 관음보살은 천 개의 눈과 천 개의 손을 갖고 수많은 중생의 고통을 살피고 구제한다고 여겨지는 존재예요. 그래서 관음보살상 뒤에는 천수천안이 그려지는데, 불국사의 관음상 후면에도 천수천안이 그려져 있어요.

현판을 응시하노라니 문득 손재형은 관음전 현판을 쓰면서 무슨 생각을 했을까 하는 생각이 들더군요. 추사와 비견되는 작품을 남기겠다는 생각을 했을까요? 아니면 중생을 구제하는 관음보살처럼 자신의 글씨가 사람들의 마음을 위무해 주기를 바랐을까요? 아니면 그야말로 무념무상의 상태에서 썼을까요? 그러나 분명한 건 돈을 염두에 두고 쓰지는 않았을 것 같아요. 그렇게 믿고 싶어요. 비록 말년에 선거 자금을 위해 세한도나 자신의 소장품들을 저당 잡히고 매매했지만, 그건 말년의 일이고 그의 생애 대부분은 우리 글씨의 자주성을 위해 분투했던 삶이었으니까요.

길에서 만난 한자어

□ 제호	題號	책이나 신문 따위의 제목
□ 풍미	風味	아름답고 멋스러움
□ 차용	借用	돈이나 물건을 빌려 씀
□ 천수천안	千手千眼	천 개의 손과 천 개의 눈
□ 위무	慰撫	어루만져 달램
□ 무념무상	無念無想	아무런 잡념이 없는 상태
□ 분투	奮鬪	있는 힘을 다해 싸우거나 노력함

觀(황새 관)과 見(볼 견)의 합자. 황새처럼 세밀하게 살펴본다는 의미.

예 관찰(觀察) 사물을 주의 깊게 살펴 봄
　　관념(觀念) 어떤 일에 대하여 가지고 있는 생각이나 견해

殳(창 수)와 展(臀의 약자, 볼기 둔)의 합자. 아군을 보호하고 적의 공격을 막기 위해 자원하여 군대의 후미에 서다란 의미. 유추하여 큰 인물이 사는 집이란 뜻으로도 사용.

예 전각(殿閣) 궁전과 누각
　　전당(殿堂) 학문·예술 등 그 분야에서 가장 권위 있는 기관

丰(우거질 봉)과 糸(실 사)의 합자. 무성한[丰] 꽃과 열매처럼 곱고 촘촘하게 짠[糸] 흰색 명주란 의미. 바탕이란 뜻으로도 사용. 본 의미에서 유추된 뜻.

예 소복(素服) 하얗게 차려입은 옷, 흔히 상복으로 입음
　　소질(素質) 본디부터 가지고 있는 성질, 또는 타고난 기질이나 능력

殸(磬의 약자, 경쇠 경)과 香(향기 향)의 합자. 경쇠 소리처럼 멀리까지 그 냄새가 퍼져나가는 향기란 의미.

예 형향(馨香) 향기 좋은 냄새
　　형일(馨逸) 향기가 보통 때와 달리 유달리 좋음

살릴 수도
죽일 수도

"뚱~~딱~뚱~~"

"으흠, 산을 품었구면!"

지음이란 고사성어를 탄생시킨 백아와 종자기. 거문고의 달인인 백아가 산을 마음에 두고 거문고를 연주하면 종자기는 여지없이 그 마음에 둔 산을 바로 알아냈고, 물을 마음에 두고 연주하면 또한 여지없이 그 마음을 알아냈다고 하죠. 종자기 사후 백아는 자신의 가락을 이해해 줄 사람이 없다며 더 이상 거문고를 연주하지 않았다고 해요.

"여인은 자신을 사랑하는 사람을 위해 화장을 하고, 선비는 자신을 알아주는 사람을 위해 죽는다"는 말이 있어요. 사람이 얼마나 자신에 대한 이해를 갈구하는 존재인지를 극명하게 나타내 준 말이라고 할 거예요. 백아와 종자기의 관계는 그 한 사례가 되겠죠? 평론가는 창작인보다 한 격 떨어지지만, 정작 창작인의 명줄목숨을 쥐고 있는 것은 평론가예요. 그의 평가 여하에 따라 창작품의

우열이 가려지고 이에 따라 창작인의 우열 또한 정해지기 때문이죠. "세상에 천리마는 항상 있지만, 천리마를 알아볼 수 있는 백락은 그렇지 않다"는 한유의 말은 평론가의 위상을 잘 표현한 언급이에요.

그림에서, 특히 문인화에서, 화제는 평론가의 위상과 흡사해요. 그림 그린 이의 뜻을 잘 드러낸다면 그것은 종자기의 존재가 되어 그림 그린 이에게 지음의 환희를 안겨 줄 거예요. 제삼자의 감상에도 기여를 할 테고요. 반면 그렇지 못하다면 옥상옥이 되어 그림 그린 이에게 낭패감을 안겨 줄 거예요. 제삼자의 감상에도 방해를 줄 테고요.

사진은 낙안읍성 옆에 있는 '뿌리깊은나무 박물관' 한창기 컬렉션에서 찍은 거예요. 선생은, 잘 알려진 것처럼, 하층 서민의 문화를 다룬 『뿌리 깊은 나무』란 잡지의 발행인이셨죠. 한국에서 가장 영어를 잘하는 사람 중의 한 사람으로 평가받았던, 하여 누구보다도 미국 (서양) 문화에 대한 이해가 깊었던 분이 어찌 보면 그와 정반대되는 우리 문화 그것도 양반 사대부 문화보다는 하층 서민들의 문화를 담아 내는 잡지를 펴낸 것은 참 아이러니했다고 아니할 수 없어요.

그러나 곰곰 생각해 보면 이해가 될 듯도 싶어요. 극과 극은 통한다고, 미국(서양) 문화의 본질에 다가가면 다가갈수록 더욱 소중해지는 것이

낙안읍성 뿌리깊은나무박물관에 전시된 부채. 『뿌리깊은 나무』 발행인 한창기 선생이 선물받은 것이라고 한다. **뿌리깊은나무박물관** 전남 순천시 낙안면 남내리 219호. 낙안읍성 옆에 있다.

우리 문화란 생각이 들고, 그 문화 중에서도 가장 원형질을 이루는 것은 서민 문화라는 생각을 하게 된 것 아닌가 싶은 거죠. 한창기 컬렉션에는 선생이 모은 소박한 물건들이 전시돼 있어요. 사진의 부채는 사실 대단한 물건이 아니지만 다른 소박한 물건들에 비교하면 외려 고급 물건이란 생각이 들더군요.

화제를 읽어 볼까요?

谷口小板橋 곡구소판교
山中孤草閣 산중고초각
一陣黃昏雨 일진황혼우
松香滿墟落 송향만허락

골짜기 입구 작은 다리 건너니
산중에 외로운 초가 한 채
황혼 녘 한바탕 비 내리니
소나무 향기 빈 골짝에 가득

傍梅花道人筆意 방매화도인필의
題舊作俚句 제구작이구
老顔白蓮 노안백련

매화도인의 그림 뜻에 부쳐
전에 지었던 보잘것없는 시구로 화제 하다

백련시를 짓고 쓴 이의 아호 늙은이 쓰다.

이 화제는 그림 그린 이의 뜻을 살렸을까요? 죽였을까요? 그저 그럴까요? (사진으로는 보이지 않지만 실물을 본 저로서는) 감히 말하건대, 그저 그래요. 화제의 내용에 어울리는 내용이 그림으로 나타나 있을 뿐이거든요. 화제가 그림을 살리려면 단순히 그림의 내용만 묘사해서는 부족하고 그림 너머에 있는 그림 그린 이의 정신과 기운까지 묘사해야 해요. 아쉽게도 이 화제는 거기까지는 미치지 못한 것 같다는 생각이 들었어요.

선생은 이 화제를 보면서 무슨 생각을 했을까 궁금해요. 신기한 것, 특별한 것에 크게 관심 두지 않았던 선생이고 보면 이런 생각을 하지 않았을까 싶어요.

'음, 되얐어. 그림의 모습을 잘 표현했구면. 그라문 되얐지.'

길에서 만난 한자어

□ 지음	知音	마음이 서로 통하는 친한 벗
□ 갈구	渴求	간절히 바라며 구함
□ 우열	優劣	우수함과 열등함
□ 화제	畵題	그림 위에 쓰는 시문
□ 옥상옥	屋上屋	군더더기

널조각 판

木(나무 목)과 反(반대할 반)의 합자. 널조각이란 의미. 木은 뜻을, 反은 음(반→판)을 담당.

예 판각(板刻)   그림이나 글씨를 나뭇조각에 새김. 또는 그 새긴 것
   간판(看板)   사람들의 눈에 잘 뜨이게 상호·상표명·영업 종목
                등을 써서 내건 표지

다리 교

木(나무 목)과 喬(높을 교)의 합자. 물 위를 걸어 다닐 수 있도록 높게 설치한 목재 구조물이란 의미. 木은 뜻을, 喬는 뜻과 음을 담당.

예 철교(鐵橋)   철을 주재료로 하여 건설한 다리
   교량(橋梁)   다리

한바탕 진

車(陳의 축약 변형, 베풀 진)과 攴(칠 복)의 합자. 강제적인[攴] 수단을 동원해 진을 친다[車]는 의미. 攴은 뜻을, 車은 뜻과 음을 담당. 한바탕이란 뜻은 본 의미에서 유추된 뜻.

예 배수진 (背水陣) 강이나 바다를 등지고 치는 진. 더 이상 물러설 수 없
                음을 비유적으로 이르는 말

터 허

土(흙 토)와 虛(빌 허)의 합자. 터 혹은 언덕이란 의미. 土는 뜻을, 虛는 음을 담당.

예 폐허(廢墟)   건물·시가·성곽 등의 황폐하게 된 터
   유허(遺墟)   쓸쓸하게 남아있는 옛터

그의 자리에
있어야 할 작품

정세균 국회의장이 세균맨 인형을 선물 받았다는 기사가 있더군요. 정 의장 애칭은 세균맨인데 애니메이션 〈호빵맨〉에 나오는 캐릭터 세균맨과 정 의장 이름의 발음이 같아 붙여진 애칭이라고 해요. 정 의장 본인은 자신의 성씨가 정이기에 정을 '바를 정(正)'의 의미로 풀이해 자신을 '좋은 세균'이라고 부르고 있더군요. 혹자는 농담으로 세균이 국회의장이 됐으니 이제 대장균이라고 불러야 하지 않겠냐고 했다더군요. 세균이 됐든 대장균이 됐든 본인이 말한 대로 좋은 세균이 되어 부패한 것을 일소하고 국민에게 희망을 안겨주는 국회를 만들었으면 좋겠어요. 정세균 전 국회의장은 2018년 5월 29일부로 2년 동안의 국회의장 임기를 끝냈음. 이 글은 정세균 의장 취임 초기에 쓴 것임.

사진의 정 의장 뒤에 있는 병풍에는 무슨 내용이 쓰여 있는 걸까요? 음, 사실 별것 아니에요. 내용이 하찮다는 의미는 아니에요. 그저 사람들에게 널리 알려진 시들을 써 놓은 것에 불과하다는 뜻이에요. 어떤 일관된 주제를 가지고 창작한 내용이었으면 좋았겠다는 생각이 들더군요. 더불어 이 시들의 내용은 다분

사진출처 : 정세균 의원 블로그. 세균맨 사진을 놓고 흐뭇해하는 정세균 국회의장. 국회의장 명패
가 있는 것으로 보아 국회의장 집무실로 보인다. 사진을 보는 순간 정 의장 뒤에 있는 병풍에 눈길
이 먼저 갔다. 정세균 국회의장은 2018년 5월 29일 2년의 국회의장 임기를 끝냈다.

히 개인적인 취향의 시들이라 민의의 전당인 국회, 그것도 수장의 집무실에는
그리 어울려 보이지 않아요.

병풍의 내용을 하나씩 읽어 볼까요? 사진의 오른쪽에서 왼쪽으로 읽어 보도
록 하죠.

秋風惟苦吟　추풍유고음

世路少知音　세로소지음

窓外三更雨　창외삼경우

燈前萬里心　등전만리심

가을 바람에 괴로이 읊조리나니
세상에 나를 알아주는 이 적구나
창 밖엔 한 밤의 비 내리는데
등불 앞 내 마음 만 리를 달리네

　최치원 선생의 「추야우중가을밤 비 내리는 가운데」이란 시예요. 자신의 꿈을 펼칠 시대를 만나지 못한 불우한 지식인의 슬픈 자화상을 그린 시이지요.

獨坐幽篁裏　독좌유황리
彈琴復長嘯　탄금부장소
深林人不知　심림인부지
明月來相照　명월래상조

깊은 대나무 숲속에 홀로 앉아
거문고 타며 때로 휘파람도 부누나
깊은 숲이라 사람들 찾지 않고
밝은 달만 찾아와 바라본다네

　당대의 시인 왕유의 「죽리관대숲 속에 있는 집」이란 시예요. 은거자적하는 시인의 고요하고 맑은 마음을 노래한 시이지요.

探藥忽迷路　채약홀미로
千峰秋葉裏　천봉추엽리
山僧汲水歸　산승급수귀
林末茶煙起　임말다연기

산에서 약을 캐다 길을 잃었나니
온 산이 가을에 물들었구나
산승은 물 길어 돌아가고
숲 끝에선 차 달이는 연기가

이이 선생의 「산중산속에서」이란 시예요. 산중의 가을 풍경에 동화된 물아일
체의 경지를 노래한 시이지요.

衆鳥高飛盡　중조고비진
孤雲獨去閑　고운독거한
相看兩不厭　상간양불염
只有敬亭山　지유경정산

뭇 새들 다 날아가고
외로운 구름만 한가로이 떠가네
서로 보며 싫증 나지 않는 건
경정산 뿐

당대의 시인 이백의 「독좌경정산홀로 경정산에 앉아」이란 시예요. 세속에 물들지 않고 고고한 절개를 간직하려는 기상을 노래한 시이지요.

日落沙逾白 　일락사유백

雲移水更清 　운이수경청

高人弄明月 　고인농명월

只缺紫鸞笙 　지결자란생

해 떨어지니 모래 더욱 희고

구름 옮기니 물 더욱 맑아라

고인벼슬을 하지 않고 고결하게 사는 사람이 명월을 희롱하나니

아쉬운 건 자란생피리의 일종이 빠진 것

이색 선생의 「한포농월한산 포구에서 달을 쳐다보며」이란 시예요. 앞서 읽은 왕유의 「죽리관」과 유사한 풍모를 그린 시예요.

江碧鳥逾白 　강벽조유백

山青花欲然 　산청화욕연

今春看又過 　금춘간우과

何日是歸年 　하일시귀년

강 푸르니 새 더욱 희고

산 푸르니 꽃 불타는 듯

올 봄도 또 그렇게 보냈나니
어느 해나 고향에 갈는지

당대의 시인 두보의 「절구당대에 유행한 정형시의 한 종류」 중 한 편이에요. 타향
에서 봄을 맞이했다가 보내는 나그네의 쓸쓸하고 고단한 심사를 노래하고
있어요.

春雨細不滴   춘우세부적
夜中微有聲   야중미유성
雪盡南溪漲   설진남계창
艸芽多小生   초아다소생

봄 비 가늘어 방울지지 않더니
한밤중 희미하게 들리는 빗소리
눈 다 녹아 남쪽 시내 불어났으리니
초목의 싹들은 하 많이 돋았으리

정몽주 선생의 「춘흥봄날의 즐거운 기분」이란 시예요. 봄날 생명의 눈부신 발아
를 그린 시예요.

千山鳥飛絶   천산조비절
萬徑人蹤滅   만경인종멸
孤舟蓑笠翁   고주사립옹

獨釣寒江雪 독조한강설

온 산에 새 나는 것 그치고
온 길에 사람 자취 없어라
외로운 배 삿갓 쓴 늙은이
홀로 찬 강에 낚시를 드리우다

당대의 시인 유종원의 「강설강에는 눈 내리고」이란 시예요. 견결하고 고고한 지사의 뜻을 한 폭의 풍경화를 통해 표현한 시예요.

어떠신가요? 한·중 대가들의 작품을 하나씩 번갈아 늘어 놓은 것 빼고는 딱히 어떤 일관된 주제 의식을 느끼기 어렵죠? 확실히 국회의장의 집무실에는 어울리지 않는 내용이에요. 적어도 국회의장의 집무실에 놓일 병풍이라면 이런 탈속적이고 개인적인 취향의 시 말고 민의를 대변하는 그 어떤 내용을 담은 병풍이 놓여야 할 것 같아요. 다음은 국회의장실 병풍 내용으로 써 놓았으면 어떨까 하는 시예요.

蒼生難蒼生難　창생난창생난
年貧爾無食　연빈이무식
我有濟爾心　아유제이심
而無濟爾力　이무제이력
蒼生苦蒼生苦　창생고창생고
天寒而無衾　천한이무금

彼有濟爾力　피유제이력

而無濟爾心　이무제이심

願回小人腹　원회소인복

暫爲君子慮　잠위군자려

暫借君子耳　잠차군자이

試聽小民語　시청소민어

小民有語君不知　소민유어군부지

今歲蒼生皆失所　금세창생개실소

北闕雖下憂民詔　북궐수하우민조

州縣傳看一虛紙　주현전간일허지

特遣京官問民瘼　특견경관문민막

馹騎日馳三百里　일기일치삼백리

吾民無力出門限　오민무력출문한

何暇面陳心內事　하가면진심내사

縱使一郡一京官　종사일군일경관

京官無耳民無口　경관무이민무구

不如喚起汲淮陽　불여환기급회양

未死孑遺猶可救　미사혈유유가구

— 어무적, 「유민탄유랑하는 백성들의 탄식」

백성들의 어려움이여 백성들의 어려움이여
흉년이 들어서 너희들은 먹을 것이 없구나
나에겐 너희들 구제할 마음 있어도

너희를 구제할 힘이 없구나

백성들의 괴로움이여 백성들의 괴로움이여

날씨는 추운데 너희는 덮을 게 없구나

저들은 너희를 구제할 힘이 있어도

너희를 구제할 마음이 없구나

내 바라는 것 소인의 마음 돌려서

잠시 군자의 마음으로 바꾸고

잠시 군자의 귀를 빌어다

백성의 말을 듣게 하는 것

백성은 할 말 있으나 임금은 아지 못해

금년엔 백성들 모두가 살 집 잃어

대궐에서 백성들 근심하는 조서를 내려도

주현으로 내려오면 공허한 종이일 뿐

서울 관리 보내어 백성의 고통 묻고자

역마로 날마다 삼백 리를 달려도

백성들은 문턱을 나설 힘도 없는데

어느 겨를에 마음속 일을 맞대 말하리

한 군에 한 사람의 서울 관리 온다 해도

서울 관리 들을 생각 전혀 없고 백성들 말할 근력 없으니

차라리 회양태수 급암전한의명관을 되살려

그나마 남은 이들 살리는 게 낫겠네

민의를 대변하는 창작시가 병풍으로 놓인다면 더없이 좋겠지만 한시 창작이

쉬운 일은 아니니 옛 작품에서라도 「유민탄」과 같은 작품을 병풍으로 만들어 국회의장 집무실에 놓는다면 격에 맞을 것 같아요.

길에서 만난 한자어

□ 수장　　　　首長　　　집단이나 단체를 지배 · 통솔하는 사람

□ 은거자적　　隱居自適　　숨어 지내며 아무 속박을 받지 않고 마음껏 즐김

□ 물아일체　　物我一體　　대상물에 완전히 몰입된 경지

□ 풍모　　　　風貌　　　분위기와 모습

□ 발아　　　　發芽　　　어떤 사물이나 사태가 비롯됨

艹(풀 초)와 倉(곳집 창)의 합자. 풀빛과 같이 푸른색이란 의미.
艹는 뜻을, 倉은 음을 담당.

예 창공(蒼空)　　　푸른 하늘
　　창창(蒼蒼)　　　앞길이 멀어서 아득하다

貝(조개 패)와 分(나눌 분)의 합자. 재물[貝]이 나뉘어 가진 몫이
적다는 의미. 貝는 뜻을 分은 뜻과 음(분→빈)을 담당.

예 빈부(貧富)　　　가난함과 부유함
　　빈곤(貧困)　　　가난해서 살림이 어려움.

口(입 구)와 奐(클 환)의 합자. 큰 소리로 부른다는 의미. 口는 뜻
을, 奐은 뜻과 음을 담당.

예 환기(喚起)　　　관심이나 생각 따위를 불러일으킴
　　규환(叫喚)　　　큰 소리로 부르짖음

求(裘의 약자, 갓옷(가죽옷) 구)와 攵(칠 복)의 합자. 몸을 잘 보호
해주는 갓옷처럼 상대가 안전할 수 있도록 강제적인 수단을 사용
하여 조치한다는 의미. 攵은 뜻을, 求는 뜻과 음을 담당.

예 구원(救援)　　　어려움이나 위험에 빠진 사람을 구해 줌
　　구조(救助)　　　재난을 당해 곤경에 빠진 사람을 구하여 줌

시의 길에서 만난 한자

외로우니까
사람이다

울지 마라

외로우니까 사람이다

살아간다는 것은 외로움을 견디는 일이다

어느 시인은 외로움을 삶의 숙명인 양 노래했지만 그건 역설적으로 누군가
와 함께하고 싶다는 열망을 나타낸 것이 아닐까 싶어요. 외로움이 숙명이고 당
연한 것이라면 굳이 그것을 노래할 필요가 없겠지요. 사람은 역시 사람과 어울
려 지낼 때 사람답게 살 수 있는 존재이지 않나 싶어요.

당나라 천보현종의 연호 연간에 변방(주로 서역)의 풍경과 생활 그리고 그곳
에서 머무는 군인들의 애환을 주요 시제로 삼는 일군의 시인들이 나타나요. 이
른바 변새시파변방의 인정과 풍물을 시의 주요 소재로 삼던 시인들로 불리는 이들이죠.
고적·잠삼·왕지환·왕한 등이 대표적인 인물로, 이들은 실제 변방에서 근무
했던 자신들의 경험을 살려 변방의 인정과 풍물을 잘 그렸어요. 특기할 만한 것

은 변방의 인정과 풍물을 그렸지만, 시의 정서가 살풍경하지 않고 낭만적 정서가 배어 있다는 점이에요. 천보 연간 이후로 당나라의 국세가 많이 기울긴 하지만 그래도 이들 시인이 활약하던 시기는 아직 성세에 있었기에 그런 정서가 가능하지 않았나 싶어요.

사진은 서울 지하철 안국역에서 찍었다. 역사내 벽에는 오가는 승객들을 위해 그림을 전시해 놓았는데, 사진의 그림도 그중의 하나이다. 그런데 전시된 기간이 오래된 듯 대부분의 그림이 추레해 보였다. 오가는 승객들이 거의 눈길을 주지 않는데, 바쁜 탓도 있겠지만 추레한 그림 탓도 있는 듯싶었다. 해당 기관에서 살펴보고 정비했으면 좋겠다는 생각이 들었다.

사진의 시는 변새시파의 일원인 잠삼715-770의 「양주사양주의 노래」란 시예요. 변방 지역의 고적한 분위기를 그린 시로, 앞서 말한 것처럼, 변새시임에도 불구하고 살풍경하지 않고 낭만적인 정서가 짙게 배어 있어요.

邊城暮雨鴈飛低　변성모우안비저
蘆笋初生漸欲齊　노순초생점욕제
無數鈴聲遙過磧　무수영성요과적
應馱白練到安西　응태백련도안서

변성 저물녘 비 내리는데 기러기 낮게 날고

갈대 싹 나는가 싶더니 어느새 웃자라 버렸네
방울 소리 울리며 사막 지난 비단 상인들
지금쯤은 안서에 도착했을 듯

시의 화자는 병사예요. 저녁 불침번 차례가 되어 창을 들고 성 위에 섰어요. 병사를 둘러싼 풍경엔 사람의 인기척이 하나도 없어요. 하늘엔 잿빛 물감만 가득하고, 땅엔 웃자란 갈대밖에 없어요. 움직이는 물체라곤 기러기뿐인데 이마저도 날개를 늘어뜨린 채 힘없이 낮게 날고 있어요. 고적한 심사를 달랠 길 없는데 무심한 하늘에선 어느새 추적추적 비가 내리고 있어요. 더없이 인정이 그리운 병사는 문득 성 관문을 통과해 사막 길을 지나갔던 비단 상인들을 생각해요. 성문을 통과할 때 그들과 있었던 인정의 교류를 떠올리며 고적한 심사를 달래는 것이지요. 아무런 친분도 없지만, 문득 그들의 안부가 궁금한 건 그들이 자신과 감정이 통하는 '사람'이었기 때문이지요. 병사는 허공을 향해 그리움의 소리를 질렀을 것만 같아요. 어어이~

이 병사에게 가장 힘든 일은 적의 공격이나 상관의 명령 혹은 배고픔이 아니라 외로움이었을 거예요.

길에서 만난 한자어

☐ 숙명	宿命	날 때부터 타고난 운명
☐ 살풍경	殺風景	자연 풍경 따위가 운치가 없고 메마름
☐ 성세	盛世	한창 융성한 세대
☐ 고적	孤寂	외롭고 쓸쓸함

土(흙 토)와 成(이룰 성)의 합자. 흙이나 돌을 쌓아 올려 만든 건축물이란 의미. 土는 뜻을, 成은 뜻과 음을 담당.

예 성벽(城壁)　　성곽의 담벼락
　　성문(城門)　　성의 출입구에 만든 문

성 성

艹(풀 초)와 盧(밥그릇 로)의 합자. 갈대란 의미. 艹는 뜻을, 盧는 음을 담당.

예 노안(蘆岸)　　갈대가 우거진 물가의 언덕
　　노화(蘆花)　　갈꽃

갈대 로

金(쇠 금)과 令(아름다울 령)의 합자. 듣기 좋은 소리를 내는 방울이란 의미. 金은 뜻을, 令을 뜻과 음을 담당.

예 금령(金鈴)　　금방울
　　영어(鈴語)　　방울 소리

방울 령

馬(말 마)와 太(클 태)의 합자. 덩치 큰 말에 짐을 싣는다는 의미. 馬는 뜻을, 太는 뜻과 음을 담당.

예 태배(駄背)　　등에 짐
　　태가(駄價)　　짐을 실어다 준 삯

실을 태

뱀의 다리인가,
아닌가

"김중배 씨 칼럼도 내가 손봤지."

오래전 우연히 알게 된 어떤 분이 한 말이에요. 자신이 모 신문의 편집실장을 하고 있었을 때 당시 명칼럼니스트였던 김중배 씨의 칼럼을 받아 과감히 양을 줄이고 내용도 일부 수정했다고 무용담처럼 말하더군요. 자신의 글을 보는 안목을 자랑하는 것처럼 들렸어요. 하지만 당시 김중배 씨가 누구고 그분의 글이 얼마나 훌륭한지 모르는 제게 그분의 자랑은 그다지 실감나게 와닿지 않았어요.

후에 김중배 씨와 그의 칼럼이 갖는 가치를 알게 되고선 그분의 그런 일이 자랑할 만도 하겠다는 생각이 들더군요. 문명이 있는 사람의 글을 손본다는 것은 그만큼 글을 보는 안목이 높다는 것을 증명하는 것이기도 하니까요. 더불어 문명 있는 사람의 글도 항상 훌륭한 것은 아니라는 사실을 보여주는 것이기도 하겠지요.

사진은 포은 정몽주1337-1392 선생의 「음주술
을 마시며」란 시예요. 정몽주 선생이 한시의 대가
임은 두말할 나위 없어요. 그리고 이 시는 사람
들에게 널리 알려진 시예요. 널리 알려진 시가 꼭
좋은 시란 보장은 없지만, 특별히 이 시에 대해
흠을 잡는 사람은 없어요. 작품성을 인정받고 있
는 것이죠.

그런데 만일 누군가가 이 작품에 손을 댄다면,
그는 어떤 사람으로 평가받을까요? 일면으론 시
에 안목이 있는 사람이라는 평가를 받을 수도 있
겠지만 일면으론 무모한 사람이라는 평가를 받
을 수도 있을 거예요.

저는 이 시를 100번 가량 소리 내어 읽어 봤어
요. 그런데 이상하게 별다른 감흥이 없더군요.
왜 그럴까, 생각해 보다 이유를 발견했어요. 우선
시를 읽어 볼까요?

점몽주의 시 「음주」. **한국서예
비림박물관** 충남 예산군 신양
면 녹문리 167. 평택화성고속
도로 오성IC를 나와 찾으면
된다. 장소가 외진 곳에 있으
나 중간에 안내 표지판이 있
어 어렵지 않게 찾을 수 있다.

客路春風發興狂 객로춘풍발흥광
每逢佳處卽傾觴 매봉가처즉경상
還家莫愧黃金盡 환가막괴황금진
剩得新詩滿錦囊 잉득신시만금낭

나그넷 길 봄바람 만나니 미친 흥 절로 난다

91

아름다운 곳 만날 때마다 술잔을 기울이네
집에 돌아와 돈을 다 썼다고 부끄러워 말자
금낭비단 주머니에 한가득 새 시를 가외로 얻었거니

이 시는 시인의 호쾌방탕한 모습을 보여 주려는 시예요. 그런데 첫 구에서 시인이 말한 대로 미친 흥이 절로 날 정도면 시상이 탄력 있게 전개되어야 하는데 다분히 설명조로 느슨하게 전개되고 있어요. 이유는 각 구에 '나그넷 길' '~ 때마다' '집에 돌아와' '가외로 얻었거니' 같은 설명조의 내용이 들어있기 때문이에요. 이들이 시상의 탄력적인 전개를 방해하고 있는 것이지요. 시상이 탄력성을 잃었는데 어떻게 호쾌방탕한 모습을 온전히 표현할 수 있겠어요? 읽으면서 별다른 감흥을 느끼지 못한 건 이런 이유 때문이에요.

그렇다면 시인이 보여 주려 했던 호쾌방탕한 모습을 온전히 표현하려면 어떻게 해야 할까요? 앞서 말한 각 구의 설명조 내용을 빼 버리면 돼요. 즉 7언시한 구의 글자수가 7자인 시를 5언시한 구의 글자수가 5자인 시로 바꾸면 돼요. 정말 시상의 탄력성이 살아나는지 고쳐서 읽어 볼까요?

春風發興狂　춘풍발흥광
佳處卽傾觴　가처즉경상
莫愧黃金盡　막괴황금진
新詩滿錦囊　신시만금낭

봄 바람에 미친 흥 절로 나니
아름다운 곳 만나면 술잔을 기울이네

노잣돈 다 썼다 부끄러워 말자

금낭에 새 시가 가득하니

우리 말 번역으론 한계가 있지만, 그래도 앞 번역과 대조해 보면 확실히 다른 느낌이에요. 원문으로 읽으면 더더욱 다른 느낌을 받아요. 시상이 탄력 있게 전개되고 여운도 풍부해요. 시는 압축과 생략을 중요하게 여기죠. 이는 한시도 마찬가지예요. 굳이 설명하지 않아도 될 부분은 과감히 생략하는 것이 좋아요. 독자에게 상상의 여지를 남기는 게 좋은 시니까요. 이 시에서 각 구의 첫 두 자는 군더더기라고 볼 수 있어요.

시에 대한 불만족을 나름대로 설명해 봤는데 얼마나 설득력이 있는지 모르겠어요. 대가의 별다른 비판 없는 작품에 손을 댔는데, 칭찬받을 일을 한 걸까요? 무모한 만용을 부린 걸까요?

길에서 만난 한자어

□ 무용담	武勇談	싸움에서 용감하게 활약하여 공을 세운 이야기
□ 안목	眼目	사물을 보고 구별하는 식견
□ 문명	文名	글을 잘하여 드러난 명성
□ 감흥	感興	마음깊이 감동되어 일어나는 흥취
□ 만용	蠻勇	분별없이 함부로 날뛰는 용맹

狂
미칠 광

犭(犬의 변형, 개 견)과 王(임금 왕)의 합자. 미친개라는 의미. 犭은 뜻을, 王은 음(왕→광)을 담당.

| 예 | 발광(發狂) | 미친 듯이 날뜀 |
| | 광기(狂氣) | 미친 증세 |

觴
술잔 상

술잔이란 의미. 角(뿔 각)으로 뜻을 표현. 나머지는 음을 담당.

| 예 | 남상(濫觴) | 시초 |
| | 상음(觴飮) | 술잔을 들고 술을 마심 |

盡
다할 진

皿(그릇 명)과 燼(탄나머지 신) 약자의 합자. 타고나면 남는 것이 없듯 그릇 속의 음식물이 남김없이 다 비워졌다는 의미. 皿은 뜻을, 燼의 약자는 뜻과 음(신→진)을 담당.

| 예 | 진력(盡力) | 있는 힘을 다함 |

囊
주머니 낭

가운데 물건을 넣고 위 아래를 묶은 자루를 그린 것. 주머니는 원 의미에서 유추된 뜻.

| 예 | 배낭(背囊) | 물건을 담아 등에 지도록 만든 주머니 |
| | 낭중지추(囊中之錐) | 주머니 속의 송곳이란 뜻. 재능이 뛰어난 사람은 숨어 있어도 저절로 남의 눈에 띔을 비유. |

위선인가,
진심인가

오백 년 도읍지를 필마로 돌아드니

산천은 의구하되 인걸은 간데없네

어즈버 태평연월이 꿈이런가 하노라

중학교 땐가 고등학교 땐가 국어 시간에 배운 시조예요. 길재1353-1419 선생의 회고시로 흔히 세상사와 인생의 무상함을 노래한 것으로 알려져 있죠. 그런데 정작 이 시조를 배울 당시는 이해하기 어려웠어요. 그도 그럴 것이 한창 혈기 왕성한 나이에 세상사와 인생의 무상함을 느낀다는 것이 가당키나 한 일인지요. 학교를 졸업하고 많은 세월이 흐른 지금에야 어렴풋이 느껴지는 것이 있어요. '어렴풋이'란 말을 쓸 수밖에 없는 것은 이 시조의 화자와 같이 한 시대 역사의 틀을 짜거나 권력의 못을 박아 본 적이 없기에 작자가 느끼는 무상함에 온전히 감정 이입하기가 쉽지 않기 때문이에요.

사진은 길재 선생의 「한거한적하게 살다」라는 시예요. 위 시조와 관련하여 읽어

길재의 시 「한거」. **한국서예비림박물관**에서 찍은 사진이다. 길재의 시와 정몽주의 시비는 전시장 앞마당에 있다.

보면 내용 이해가 한결 더 쉬울 것 같아요.

臨溪茅屋獨閑居　임계모옥독한거
月白風清興有餘　월백풍청흥유여
外客不來山鳥語　외객불래산조어
移床竹塢臥看書　이상죽오와간서

시냇가 초가집 홀로 한가롭나니
달 밝고 바람 맑으니 흥 넘쳐라

손님은 오지 않고 새 소리만 조잘조잘
대 울타리 아래로 평상 옮기고 누워서 책을 보네

하늘에 달이 휘영청 밝고 바람은 서늘해요. 모르긴 해도 시냇가 옆에 지은 초
가이니 시냇물 소리도 은은히 들려오겠지요. 외부 사람이 오지 않는 조용한 곳
인 데다 한밤중이라 새 소리가 유난히 크게 들려요. 더없이 고적한 공간에 있지
만, 시인은 외롭지 않아요. 외려 흥이 나요. 왠지 모를 충만감이 밀려오기 때
문이에요. 하여 자신도 모르게 누옥을 나와 대숲 아래 평상을 옮겨 놓고 누워
책을 봐요. 고적하지만 충만함이 가득한 공간에 자신도 동참한 것이지요.

그런데 이 시에서 좀 이해하기 어려운 구절이 있어요. 바로 마지막 구절이에
요. 내용 전개상 무리가 없는 듯하지만, 자세히 살펴보면 문제가 있어요. 지금
이 시의 시간적 배경은 밤이에요. 그런데 어떻게 달빛 아래 책을 본다는 것일까
요? 옛날 도서의 글씨가 아무리 크다 해도 달빛 아래 읽을 수 있을 정도로 크지
는 않았을 거예요. 그러니 달빛 아래에서 책을 읽는다는 것은 물리적으로 무리
한 일이지요. 비록 시적으로는 그럴듯한 행위일지 모르지만요.

여기서 이런 생각을 해 보게 돼요.

'길재 선생은 실제 책을 본 것이 아니다. 다만 시적 표현을 그렇게 했을 뿐이
다. 그런데 시적 표현을 위해 등장시킨 이 부분은 선생 자신도 모르게 선생의
마음자리를 드러내 보인다. 책은 자연과 대척점에 있는 문명의 산물이다. 책을
본다는 것은 아직 완전한 한거에 이르지 못했음을 보여 주는 것이다.'

일반적으로 이 시를 선생의 한거와 유유자적함을 읊은 것으로 보는데, 이는
피상적 분석이 아닐까 싶어요.

길재 선생은 한때 역사의 틀을 짜고 권력의 못을 박는 위치에 있었어요. 그러

나 새 정권[조선 왕조]의 탄생과 함께 자의 반 타의 반으로 권력의 뒷방으로 물러났어요. 그렇게 물러난 한거란 사실 그리 흔쾌한 한거가 아니지요. 어쩔 수 없는 체념에서 택한 한거라고 볼 수 있어요. "오백 년…"의 시조에서 과거의 영화에 대한 그리움의 자취가 읽히듯 이 시에서도 세상에 대한 미련의 그림자가 어른거려요.

길에서 만난 한자어

□ 회고시	懷古詩	옛 일을 생각하며 지은 시
□ 누옥	陋屋	좁고 지저분한 집
□ 유유자적	悠悠自適	속세를 떠나 아무 속박 없이 마음 편히 삶
□ 피상적	皮相的	겉으로 나타난 현상만 살핌

臥(누울 와)와 品(물건 품)의 합자. 높은 곳에서 몸을 구부려[臥] 아래 있는 대상[品]을 살펴본다는 의미.

예 임시 (臨時)　　　정하지 않은 일시적인 기간
　　강림 (降臨)　　　신이 인간 세계에 내려옴

임할 임

食(먹을 식)과 余(나 여)의 합자. 풍족하게 먹어 배가 부르다는 의미. 남다는 뜻은 본 의미에서 유추된 뜻.

예 여담(餘談)　　　하려던 이야기에서 벗어난 딴 이야기
　　여유(餘裕)　　　느긋하게 생각하고 행동하는 마음의 상태

남을 여

禾(벼 화)와 多(많을 다)의 합자. 소출을 늘리기 위해 벼 모를 옮겨 심는다는 의미. 禾는 뜻을, 多는 뜻과 음(다→이)을 담당.

예 이사(移徙)　　　사는 곳을 다른 데로 옮김
　　이앙(移秧)　　　모내기

옮길 이

亻(사람 인)과 臣(신하 신)의 합자. 군주 앞에서 몸을 굽힌 신하처럼 엎드려 쉰다는 의미. 눕다란 뜻은 본 의미에서 유추된 뜻.

예 와불(臥佛)　　　　　　누워있는 부처상
　　와신상담(臥薪嘗膽)　원수를 갚기 위해 애씀

누울 와

공주는 교육도시죠. 그래서 그럴까요? 교육도시다운 면모
가 길거리 간판에도 묻어나더군요.

사진은 '황진이'라는 노래 연습장 간판이에요. 시를 읽어 볼까요?

月下梧桐盡 월하오동진

霜中黃菊發 상중황국발

樓高天一尺 누고천일천

人醉酒千觴 인취주천상

流水和琴冷 유수화금냉

梅花入笛香 매화입적향

明朝相別後 명조상별후

情與碧波長 정여벽파장

낙엽 진 오동나무 달빛 아래 서 있고

황진이라는 노래연습장 간판. 간판 배경에 황진이의 시를 써 놓았다. 읽을 사람이 있을까 싶은데 굳이 써 놓은 걸 보니, 교육도시 공주의 간판답다는 생각이 들었다.

> 황국은 서리 중에 피었네
>
> 아스라한 누각에서
>
> 마시고 또 마시노라
>
> 거문고 소리엔 찬 물 소리 엉기고
>
> 피리 소리엔 매화 향기 머무네
>
> 내일 아침 작별 후엔
>
> 그리는 정, 가 없으리

기구(1, 2구)에서는 배경을, 승구(3, 4구)에서는 화자 등장의 배경을, 전구(5, 6구)에서는 화자의 구체적 모습을, 결구(7, 8구)에서는 화자의 내면을 그렸어요. 역삼각형 형태로 시상을 전개하여 마지막 꼭짓점에서 응축된 감정을 폭발시키고 있어요.

그런데 마지막 응축 감정의 폭발이 좀 밋밋해요. 이유는 응축의 농도가 옅기 때문이에요. 기·승·전에서 보여 주는 내용이 이별의 전조여야 하는데, 이 시는 그런 전조보다 탈속적 면모를 보여 주고 있거든요. 황국, 아스라한 누각, 술, 흐르는 물, 매화 등은 어딜 보나 이별의 전조보다는 탈속적인 분위기를 전하죠. 이런 탈속적인 면모 끝에 이별의 마음을 읊조리니 폭발력이 약할 수밖에요.

이 시는 황진이가 소세양과 헤어지며 지은 시예요. 소세양은 평소 여인에게 빠져 지내는 것을 경멸했어요. 황진이와 지내기 전에도 지인들에게 "그녀와 30일을 넘겨 지내면 사람이 아니다"라고 호언장담했지요. 그런데 마지막 날 이 시를 받고는 이렇게 말했다고 해요.

"사람이길 포기한다."

위 시로 보건대 황진이의 매력은, 비록 기녀이긴 하지만, 농염함이 아니라 고고함과 담백함이 아니었을까 싶어요.

길에서 만난 한자어

□ 응축	凝縮	내용의 핵심이 한곳에 집중되어 쌓임
□ 탈속	脫俗	현실적인 이익을 추구하는 생활이나 생각에서 벗어남
□ 호언장담	豪言壯談	분수에 맞지 않는 말을 함부로 지껄임

梧 오동나무 오

木(나무 목)과 吾(나 오)의 합자. 타인과 구별되는 것이 내[吾]이 듯이, 보통나무와 구별되는 특별한 나무라는 의미. 木은 뜻을, 吾는 뜻과 음을 담당.

예 벽오동(碧梧桐) 벽오동과의 낙엽 활엽 교목
오동도(梧桐島) 전라남도 여수시 수정동에 속한 섬

冷 찰 랭

冫(氷의 약자, 얼음 빙)과 令(명령할 령)의 합자. 군주의 명령이 삼엄하고 냉정하여 얼음처럼 차갑다는 의미. 冫은 뜻을, 令은 뜻과 음(령→냉)을 담당.

예 한랭(寒冷) 날씨 따위가 춥고 참
냉온(冷溫) 차가움과 따뜻함

笛 피리 적

竹(대 죽)과 由(말미암을 유)의 합자. 연회 연주 시 이 소리를 기점으로[由] 화음을 맞추는, 대나무로 제작한 악기란 의미. 竹은 뜻을, 由는 뜻과 음(유→적)을 담당.

예 초적(草笛) 풀피리
고적대(鼓笛隊) 피리와 북으로 이루어진 의식용 음악대

波 물결 파

氵(水의 변형, 물 수)와 皮(가죽 피)의 합자. 몸의 외부인 가죽처럼 외부로 용솟음쳐 흘러가는 물이란 의미. 氵는 뜻을, 皮는 뜻과 음(피→파)을 담당.

예 파도(波濤) 바다에 이는 물결
파고(波高) 물결의 높이

80년 전에는 그가 나이더니
80년 후에는 내가 그이구나

한 모습에서 과거와 현재를 함께 보는 단구예요. 평범한 듯하면서도 비범한 통찰이에요. 별개로 존재하는 것은 없으며 함께 존재한다는 의미를 전달하고 있거든요. 지은이는 서산대사로 알려진 휴정1520-1604이에요. 자신의 영정에 쓴 것으로, 85세에 입적했으니, 생애 말년에 쓴 것이에요.

휴정은 임진왜란 시 승병 지도자로 널리 알려져 있지만, 그의 참모습은 선승이었다는 점에 있어요. 그가 지은 『선가귀감선을 수행하는 이들의 모범이 되는 글』은 지금도 중요한 선 입문서로 취급돼요. 그가 선에 정통했다는 것을 입증하는 한 사례라고 할 거예요. 휴정은 선승이긴 했지만 '교경전의 가르침' 또한 중시했어요. 그는 선을 말 없음을 통해 말 없음에 이르는 길로 보았고, 교를 말 있음을 통해 말 없음에 이르는 길로 보았어요. 자신의 영정에서 동시성의 통찰을 보인 것처럼 수행에서도 동시성을 추구한 것이죠. 이는 그가 남긴 시편에서도 확인돼요.

휴정의 「독파능엄」을 목각한 것이다. 사진은 **벽오동 인장예술원**에서 찍었는데, 이곳은 예술 도장을 전문 제작하는 곳이다.

사진은 휴정의 「독파능엄능엄경을 읽은 후」이란 시예요.

風靜花猶落 풍정화유락

鳥鳴山更幽 조명산경유

天共白雲曉 천공백운효

水和明月流 수화명월류

바람이 멎으니 꽃은 오히려 떨어지고

새가 우니 산은 더욱 고요하다

하늘은 흰 구름과 함께 밝아 오는데

물은 밝은 달 데리고 흘러간다

『능엄경』은 불성은 따로 존재하는 것이 아니고 번뇌가 사라진 자리가 곧 불성이라는 것을 강조하며 번뇌 사르는 것을 주 가르침으로 하는 경전이에요. 이를 바탕으로 시를 보면 내용 이해가 쉬워요.

첫째 구에서, 바람이 고요하건만 꽃이 떨어진다고 했어요. 바람이 고요하지 않다면, 즉 바람이 몰아친다면 꽃이 떨어지는 것을 깊은 울림으로 받아들이기 어려울 거예요. '바람 부니 꽃이 떨어지는 거야 당연하지!' 정도로 무심히 인식하겠지요. 그러나 꽃이 떨어질 상황이 아닌데, 즉 바람 한 점 없는 고요한 상태인데 꽃이 떨어진다면 깊은 울림으로 받아들일 거예요. '바람도 없는데 어떻게 꽃이 떨어지지?' 하며 유심히 인식하겠지요. 첫 구에서 말하고자 하는 것은 '한 존재의 가치는 타 존재와의 관계를 통해 인식된다'는 점이에요.

둘째 구는 첫 구의 언급을, 소재를 바꾸어 반복한 거예요.

셋째 구는 첫째 구와 둘째 구의 인식관으로 세상을 통찰한 모습이에요. 하늘과 백운은 함께 하기 불편한 존재예요. 하늘은 빛을 발산하려 하고 백운은 빛을 차단하려 하기 때문이죠. 이런 모순된 존재가 함께 어우러져 있는 공간이 바로 세상이에요. 재미있는 건 이런 모순된 존재가 서로에게 무의미한 것이 아니라 유미의하다는 점이에요. 하늘의 빛은 백운이 가리려 하기에 더 가치가 있고, 백운의 가림은 하늘이 빛이 드러나려 하기에 더 가치가 있기 때문이죠. 세상은 모순이 존재하지만, 그 모순은 공멸을 지향하는 것이 아니라 공존을 지향한다는 것이 휴정이 인식한 세계관이에요. 앞서 언급한 동시성의 통찰과 같은 맥락이지요.

넷째 구는 셋째 구의 내용을, 소재만 바꾸어 반복한 거예요.

위 시는 휴정이 『능엄경』을 읽고 난 뒤 지은 시라고 했어요. 번뇌와 불성의 깨우침을 주 내용으로 하는 『능엄경』을 읽고 위와 같은 인식과 세계관의 모습을 보였다면, 그가 불성의 깨우침과 번뇌의 상관관계를 어떻게 인식했을지 충분히 짐작할 수 있어요.

"번뇌는 불성의 깨우침으로 가는 길이며, 불성의 깨우침은 번뇌로부터 시작한다. 번뇌와 불성의 깨우침은 둘이면서 하나이고 하나이면서 둘이다."

이렇게 인식했을 거예요.

한 대상을 다른 대상과의 관계 속에서 파악하거나 모순적인 존재의 공존 지향 세계관은 갈등이 심한 우리 사회에 시사하는 바가 커요. 남이 있어 내가 있고 내가 있어 남이 있다고 생각한다면, 갈등이 많이 줄어들겠죠?

🔤 길에서 만난 한자어

□ 단구	短句	짧은 글귀
□ 통찰	洞察	예리하게 꿰뚫어 봄
□ 영정	影幀	사람의 얼굴을 그린 족자
□ 입적	入寂	승려의 죽음
□ 번뇌	煩惱	마음이나 몸을 괴롭히는 생각
□ 공멸	共滅	함께 사라지거나 멸망함
□ 공존	共存	서로 도와서 함께 존재함
□ 맥락	脈絡	사물이 서로 이어져 있는 관계
□ 시사	示唆	미리 간접적으로 일러 줌

++(풀 초)와 洛(물이름 락)의 합자. 초목이 시들어 떨어진다는 의미. ++는 뜻을, 洛은 음을 담당.

떨어질 락

예 조락(凋落)　　들어 떨어짐
　 낙상(落傷)　　떨어지거나 넘어져서 다침

양손으로 물건을 받들고 있는 모양을 그린 것.

함께 공

예 공동(共同)　　여러 사람이나 단체가 함께 일을 함
　 공통(共通)　　여럿 사이에 두루 통용되거나 관계가 있음

山(뫼 산)과 幺(작을 요) 중복자의 합자. 작은 것은 그 자체도 알아보기 힘든데, 깊은 산 중에 들어 있어 더더욱 알아보기 힘들다는 의미.

그윽할 유

예 유령(幽靈)　　죽은 사람의 혼령
　 심산유곡(深山幽曲)　　깊은 산속의 으슥한 골짜기

氵(水의 변형, 물 수)와 㐬(깃발 류) 약자의 합자. 깃발이 펄럭이듯 물이 흘러간다는 의미. 氵는 뜻을, 㐬는 뜻과 음을 담당.

흐를 류

예 유행(流行)　　어떤 새로운 양식이나 현상이 사회에 널리 퍼짐
　 행운유수(行雲流水)　　거리낌 없이 떠돎

菩提本無樹　보리본무수

明鏡亦非臺　명경역비대

本來無一物　본래무일물

何處惹塵埃　하처야진애

깨달음엔 본시 나무라 부를 만한 몸이 없고

밝은 거울 또한 받침대라 부를만한 마음이 있는 것 아니라네

본래 한 물건도 없거니

어데서 먼지가 인단 말가

　선종의 실질적 완성자로 평가받는 혜능638-713의 시예요. 선배였던 신수의
시에 맞불을 놓은 시로, 스승이었던 홍인의 의발을 받는 결정적 계기가 되었
던 시죠. 혜능의 선은 이른바 견성 성불로 "그동안 하찮고 불완전한 것으로 여
겼던 자기 자신과 일상적 삶을 적극적으로 긍정한" 특징이 있어요(인용문, 한형

효봉 선사의 칠필 족자. 사진은 송광사 성보박물관에서 찍은 것이다. **송광사** 전남 순천시 송광면 신평리 12. 호남고속도로에서 곡성IC에서 송광사 TG로 나오면 된다.

조).

스승의 의발을 전수받았으나 주변의 시기 때문에 자신의 정체를 감추었던 혜능은 15년 뒤 보림사에 머물면서부터 가르침을 폈어요. 이곳에 흐르던 시내가 조계로, 이 때문에 혜능을 조계 혜능이라고도 부르죠. 한국 불교를 대표하는 종단인 조계종의 조계는 바로 여기서 가져온 이름이고, 승보 사찰인 송광사가 있는 조계산의 조계 역시 여기서 가져온 이름이에요.

사진은 효봉1888-1966 선사의 친필 족자예요. 읽어 볼까요?

不落二邊去　불락이변거
到無着脚處　도무착각처
會逢無位人　회봉무위인
定是本來汝　정시본래여

양 쪽으로 떨어지지 않고 가
발 놓을 곳 없는 데 이르러
머무는 자리 없는 사람 만나면
어와! 그게 바로 자네라네

낙관 부분은 '조계후학 효봉(曹溪後學 曉峰)'이라고 읽어요. 조계는 혜능을 의미하고, 후학은 후배・제자 정도의 의미예요.

혜능의 종지는 성속・시비・선악의 분별을 떠나 본마음을 직시하는 것인데, 이 족자의 시는 혜능의 그 종지를 표현한 거라고 볼 수 있어요. 마지막 구 "어와! 그게 바로 자네라네"는 "그 자리, 그게 바로 부처라네"와 같은 의미라고 할 거예요.

효봉 선사는 오도송을 통해 자신의 깨달음을 증명해 보였지만, 이 시를 통해서도 그것을 보여주고 있어요. 시를 읽어보면 깨달음에서 오는 선사의 확신이 느껴지고, 아울러 낙관의 '조계후학'이라는 말도 비상하게 느껴지거든요. 특히 조계후학은 "나는 선종의 승려다"라는 평범한 의미보다는 왠지 "나는 혜능의 의발을 전수받은 사람이다"라는 자신감의 표현으로 느껴져요.

111

효봉 선사의 글씨는 '효봉'이라는 법명 낙관이 없으면 빛을 발하기 어려운 글씨예요. 그런데 재미있는 건 이 또한 그가 선배(스승)로(으로) 삼았던 혜능과 상통하는 면이 있다는 점이에요. 혜능은 문맹이었다고 해요. 위에 소개한 그의 시는 자신이 직접 지은 것이 아니고 그의 뜻을 다른 이가 대필해 준 것이에요. 효봉 선사는 글씨에서, 혜능은 작문에서 '졸못남'이라는 공통점을 가진 셈이에요

길에서 만난 한자어

□ 의발	衣鉢	옷과 밥그릇. 도통의 전수를 상징
□ 견성성불	見性成佛	자기 본연의 천성을 깨달아 부처가 됨
□ 종지	宗旨	주장되는 요지나 근본이 되는 중요한 뜻
□ 오도송	悟道頌	깨달음을 입증하는 시

가 변

辶(걸을 착)과 自(부터 자)와 方(방위 방)의 합자. 자신이 있는 곳에서[自] 걸어가[辶] 어렵지 않게 이를 수 있는 곳[方]이란 의미.

예 천변(川邊)　　냇가
　　주변(周邊)　　주위의 가장자리

붙을 착

著의 속자. 著는 艹(풀 초)와 者(놈 자)의 합자. 다수[艹] 속에서 두드러진 존재[者] 란 의미. 붙다란 뜻은 본 의미에서 유추된 뜻. 艹는 뜻을, 者는 뜻과 음(자→저)을 담당.

예 부착(附着)　　들러붙음. 또는 붙이거나 닮
　　접착(接着)　　끈기 있게 붙음

다리 각

月(肉의 변형, 고기 육)과 却(물리칠 각)의 합자. 다리라는 의미. 月은 뜻을, 却은 음을 담당.

예 각선미(脚線美)　　다리에서 느끼는 아름다움
　　건각(健脚)　　　　튼튼하여 잘 뛰거나 잘 걷는 다리

너 여

氵(水의 약자, 물 수)와 女(여자 녀)의 합자. 하남성 노씨현에서 발원하여 회수로 들어가는 물 이름. 음이 같은 것을 빌미로 '너'라는 뜻으로도 사용..

예 여등(汝等)　　너희들
　　여수(汝水)　　하남성에서 발원하여 회수로 들어가는 물 이름

113

"선생님, 올해가 칠순이신데 한 말씀 해 주시죠?"

"뭐 대단한 삶이었다고 한마디 하라는 것이냐? 부끄럽구나. 그리고 너희들이 매일 나의 삶을 보고 있는데 달리 또 무슨 할 말이 있겠느냐?"

"그렇긴 하지만, 그래도 저희가 선생님을 뵙기 이전의 삶이나 내면의 풍경은 알기가 어렵사오니 한 말씀 해주시면 후학들에게 큰 보탬이 될 듯싶습니다."

"굳이 그렇게 청한다면 내 삶을 나이 별로 간결히 정리해 보마. 그러나, 다시 말하지만, 나의 삶은 평범하기 그지없었다. 나는 신비화되기를 거부한다. 나는 조실부모하고 일찍부터 가계를 책임져야 했지. 공부할 기회가 없었단다. 그러나 나는 열다섯에 공부를 내 삶의 중심에 두었단다. 공부만이 나의 삶을 바꿀 수 있는 유일한 방법이라고 생각했기 때문이지. 그러나 나는 일정한 스승을 두기 어려웠다. 나의 신분과 경제 상황이 그것을 허락하지 않았으니까. 하여 나는 나보다 조금이라도 나은 사람이 있으면 누구에게라도 묻고 배웠지. 공부에 뜻을 두면 스승은 어디에나 있다는 것을 깨달았단다. 그렇게 시작한 공부로 나는 삼십이 되었을 때 내 삶의 지향점을 분명히 세우게 되었지. 사십이 되어서는 더

114

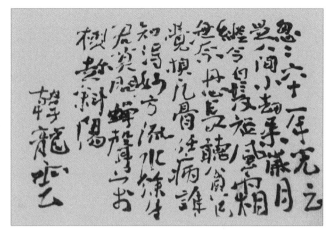

만해 한용운의 회갑 자작시. 사진은 한국현대문학관에서 찍었다. **한국현대문학관** 서울시 중구 장충동 2가 186-210. 지하철 3호선 동대입구역에서 내려 1번 출구로 나오면 된다. 수필가 전숙희 씨가 세운 우리나라 최초의 종합문학관이다.

이상 다른 가치를 기웃거리지 않아도 되는 독립된 가치를 세울 수 있었고, 오십이 되어서는 내게 주어진 하늘의 뜻이 무엇인지를 확신하게 되었단다. 육십이 되어서는 세상 그 어떤 편견과 가치를 대해도 무리 없이 소화할 수 있는 경지에 이르렀고, 칠십이 된 지금 나는 내 마음의 욕망이 지향하는 그 어떤 행동을 하더라도 이치에 어긋나지 않는 행동을 할 수 있는 경지에 이르렀다고 생각한단다."

"과연 선생님다우십니다. 저희는 감히 범접하기 어려운 삶이셨습니다."

"아아, 너희는 내가 그렇게 염려하는 나의 신비화를 끝내 버리지 못하고 있구나. 나를 도운 사람도 너희지만 나를 망칠 사람도 너희일까 염려되는구나. 다시 말하지만, 나의 삶은 평범했다. 다만 다른 이들과 달랐던 점은 공부를 삶의 중심을 두었고, 먹고사는 것을 삶의 중심에 두지 않았다는 것뿐이다."

『논어』「위정」편에 보면 공자가 자신의 삶을 38자로 언급하는 내용이 나와요. "吾十有五而志于學 三十而立 四十而不惑 五十而知天命 六十而耳順 七十而從心所欲不踰矩오십유오이지우학 삼십이립 사십이불혹 오십이지천명 육십이이순 칠십이종심소욕불유구"가 그것이죠. 그런데 공자의 이 38자 언급은, 『논어』의 다른 구절들과 마찬가지로, 전후 맥락을 알 수가 없어요. 공자가 막연히 이 얘기를 한 것은 아닐 텐데 말이죠. 하여 공자가 자신의 70회 생일날 이 말을 하지 않았을까 싶어, 말 그대로, 소설을 써봤어요. 공자의 38자 언급이 생의 말년에 언급된 것이 분명하니 그의 생일날 한 말이 아닐까 싶었던 것이죠(당시에 생일 축하라는 것이 있었는지는 모르겠지만요). 생의 말년이 되면 지나온 삶을 자연스럽게 되돌아보게 되죠. 그리고 그 삶에 대한 평가도 해 보게 되고요. 공자의 38자 언급은 그 자신의 삶에 대한 회고이자 평가라고 할 수 있어요.

사진은 만해 한용운1879-1944 선생의 회갑 자작시예요. 선생이 살던 당시에 회갑이 그리 흔한 일은 아니었을 테니 이 시에는 선생이 살아온 자신의 삶에 대한 회고와 평가가 깃들어 있을 것이라고 짐작해 볼 수 있어요. 더구나 선생은 회갑 당시 병중(중풍)이었으니 이런 짐작은 더욱 타당성을 갖지요. 필시 삶이 길지 않으리라고 느끼셨을 테니까요(선생은 회갑 후 4년 있다 돌아가셨어요).

忽忽六十一年光　총총육십일년광
云是人間小劫桑　운시인간소겁상
歲月縱令白髮短　세월종령백발단
風霜無乃丹心長　풍상무내단심장
聽貧已覺換凡骨　청빈이각환범골

任病誰知得妙方 임병수지득묘방
流水餘生君莫問 유수여생군막문
蟬聲萬樹趁斜陽 선성만수진사양

순식간에 지나간 육십일 년 세월
이것이 인간의 삶이라 일러왔지
세월은 허연 머리슬조차 없게 만들었지만
하 많은 고초들 내 단심을 어쩌지는 못했네
가난을 수용하니 범인평범한 사람 경지 벗어났고
병에 초연하니 묘방특별한 처방이 필요없네
유수흐르는 물 같은 남은 인생 그대는 후일을 묻지 마소
나무 가득한 매미 소리 석양 따라 저물 듯할터이니

짐작대로 선생은 시에서 자신의 지나온 삶을 회고하며 평가를 하고 있어요. 공자처럼 전 생애를 차례대로 언급하진 않지만, 그와 유사한 면을 볼 수 있어요. 공자가 삶의 중심을 공부에 두었듯, 선생은 삶의 중심을 '단심'에 두었어요. 여기 단심은 두말 할 나위없이 조국의 독립에 대한 간절한 염원이자 거기에 희생하려는 마음이며 일제와의 모든 타협을 거부하는 지조라고 할 수 있지요. 이러한 단심으로 일관한 선생은, 공자가 공부를 삶의 중심에 놓고 생의 말년에 '종심소욕불유구'의 경지를 달성한 것처럼, 노년의 질병과 가난을 넘어서 삶을 자연의 일부로 여기는 달관의 경지에 이르렀어요. 공자가 종심소욕불유구의 경지에서 자신의 삶을 충분히 의미 있었던 것으로 여긴 것처럼, 선생 역시 짧은 인생에서 한눈 팔지 않고 시대의 요구에 부응했던 자신의 삶을 충분히 의미 있

117

었던 것으로 여겼을 거예요.

공자나 선생 모두, 세속적으로 보면, 그리 행복한 인생이었다고 보기는 어렵죠. 사실 '뜻'만 세우지 않았다면 두 분 모두 세속적으로 행복하게 살 수도 있었을 거예요. 그러나 일부러 가시밭길을 자처해 걸었죠. 그게 한 번뿐인 인생에서 더 의미있는 길이라고 생각했기 때문일 거예요. 그래서 그럴까요? 선생의 시를 읽으면 절로 이런 질문을 하게 돼요.

"나는 과연 내 삶의 종착역에서 내 삶에 대해 어떤 평가를 할 수 있을까?"

이 글씨를 처음 접했을 때 약간 놀랐어요. 글씨가 많이 흐트러져서요. 지사의 면모를 지닌 선생에게서 나올 법한 글씨가 아니라고 생각한 거죠. 그런데 이 작품이 회갑 자작시라는 것을 알고 '그럴 수도 있겠다'란 생각을 했어요. 당시 선생은, 위에서 말한 것처럼, 병중이었기 때문이죠. 견결한 정신과 달리 마음대로 움직여지지 않는 힘든 육신으로 어렵게 붓을 움직였을 선생을 생각하니, 새삼 마음이 짠했어요.

길에서 만난 한자어

☐ 조실부모	早失父母	어려서 부모를 여읨
☐ 단심	丹心	속에서 우러나오는 정성스러운 마음
☐ 달관	達觀	세속을 벗어난 활달한 식견이나 인생관
☐ 견결	堅潔	굳고 깨끗함

본래 怱으로 표기. 怱은 心(마음 심)과 囱(굴뚝 총)의 합자. 굴뚝을 빠르게 빠져나가는 연기처럼 정신없고 바쁘다는 의미. 心은 뜻을, 囱은 뜻과 음을 담당.

바쁠 총

예 총총(怱怱)　　　대단히 급하여 허둥지둥하는 모양
　　총급(怱急)　　　썩 급함

力(힘 력)과 去(갈 거)의 합자. 떠나는[去] 상대를 겁박하여[力] 못 가게 한다란 의미. 긴 시간이란 의미를 가진 산스크리트어 kalpa의 음역으로도 사용.

겁 겁

예 겁 탈(劫奪)　　　남의 것을 폭력으로 빼앗음
　　영겁(永劫)　　　극히 긴 세월

見(볼 견)과 學(배울 학) 약자의 합자. 잠에서 깨어 눈을 뜨고 사물을 인지하듯 이치를 터득해 무지몽매한 상태를 벗어난다는 의미. 見은 뜻을, 學의 약자는 뜻과 음(학→각)을 담당.

깨우칠 각

예 각성(覺醒)　　　깨달아 정신을 바로 차림
　　각오(覺悟)　　　앞으로 닥쳐올 일에 대한 마음의 준비

斗(구기 두)와 余(나 여)의 합자. 흘렸다는 의미. 斗는 뜻을, 余는 음(여→사)을 담당. 기울다란 뜻은 본 의미에서 유추된 뜻.

기울 사

예 경사(傾斜)　　　비스듬히 기울어짐. 또는 그 정도나 상태
　　횡사(橫斜)　　　가로 비낌

역사의 길에서 만난 한자

四

백제는
슬프지 않다

백마강에 고요한 달밤아

고란사에 종소리가 들리어오면

구곡간장 찢어지는 백제 꿈이 그립구나

아아아아 달빛 어린 낙화암의 그늘 속에서

불러보자 삼천궁녀를~

    백제는 삼국 중에서 유독 더 애상적인 느낌을 전하는 나라예요. 대중가요에
도 그런 정서가 여실히 묻어나죠. 그런데 백제를 그런 느낌으로만 바라보는 건
다소 아쉬운 느낌이 들어요. 흥망성쇠야 어느 나라나 있게 마련인데 최후의
비극적 색채만을 가지고 전체의 색채인 양 여기는 것은 불공정하기 때문이죠.

    백제는 한·중을 잇는 허브 무역지로 성장한 해상 강국이었어요. 이러한 면
모는 이름에도 나타나죠. 百濟(백제)라는 이름 이전에 伯濟(백제) 혹은 十濟(십
제)로도 불렸는데, 이 세 이름에서 공통으로 변하지 않은 한자는 濟예요. 濟는,
잘 알려진 것처럼, '건너다' 혹은 '나루터'라는 의미지요. 이 나라가 해양국가임

사진은 고창 선운사 주차장에서 찍은 음식점 간판인데, 간판이 형편없이 낡아 있어 왠지 왜곡된 백제 인식을 보여주는 것 같았다. 백제원(百濟園)을 글자 그대로 풀면 백제의 정원인데, 백제의 정원으로 유명한 곳은 부여의 궁남지이다. 최근 조사에 의하면 현재의 궁남지 터는 원래의 궁남지 터가 아닐 가능성이 크다고 한다.

을 드러내고 있어요. 그리고 伯, 十, 百 등에는 으뜸, 많다, 최고의 의미가 함의되어 있어요. 따라서 '百濟'란 나라 이름은 말 그대로 해상 강국이란 의미가 되는 거예요. 비록 비극적으로 막을 내린 나라이긴 하지만, 애상적 느낌으로만 대할 나라는 결코 아니란 것을 알 수 있죠.

사진은 '백제원(百濟園)'이라고 읽어요. 고창 선운사 주차장에서 찍은 음식점 간판이에요. 園은 흔히 음식점 이름에 붙는 '가든'을 한자로 번역한 거예요. 간판이 형편없이 낡았어요. 백제라는 이름이 없으면 그나마 괜찮을 텐데, 백제라는 이름이 들어가 있으니 왠지 왜곡된 백제 인식이 드러난 것 같아 기분이 약간 묘했어요.

백제원을 음식점 이름으로 풀이하지 않고 글자 그대로 풀이하면 '백제의 정원' 혹은 '백제식 정원'이라고 풀이할 수 있어요. 백제의 정원 혹은 백제식 정원의 대표적인 장소는 부여의 궁남지죠. 1만여 평에 달하는 거대한 인공 연못 정원으로, 연꽃이 만발하고 수양버들이 늘어지면 장관을 이뤄요. 실제는 이보다 더 컸을 것으로 추측되고,『삼국사기』에 의하면 무왕은 이곳에서 처첩들과 뱃놀이를 즐겼다고 해요. 거대한 인공 연못 정원 축조는 삼국 중 백제가 처음 시도했고, 이 축조 기술은 신라와 일본에 큰 영향을 끼쳤어요. 거대 인공 연못 정원 조성은 백제가 해상강국이었다는 점과 무관치 않아 보여요. 물과 친숙한 나라였기에 그런 발상을 할 수 있었던 거라고 봐야 할 거예요.

길에서 만난 한자어

☐ 애상	哀傷	슬퍼하고 가슴 아파함
☐ 흥망성쇠	興亡盛衰	흥하고 망함과 성하고 쇠함
☐ 장관	壯觀	훌륭하여 볼 만한 광경
☐ 축조	築造	쌓아서 만듦
☐ 발상	發想	어떤 생각을 냄

一(한 일)과 白(흰 백)의 합자. 돈을 셀 때 명백하게[白] 한계[一]를 짓는 중심적인 수(數)란 의미.

예 백만(百萬)　　만(萬)의 백 곱절 되는 수. 많음의 의미
　　백성(百姓)　　일반 국민을 예스럽게 이르는 말

일백 백

氵(水의 변형, 물 수)와 齊(가지런할 제)의 합자. 하북성 찬황현에서 발원하여 민수로 들어가는 물 이름. 氵는 뜻을, 齊는 음을 담당. 건너다는 뜻은 본 의미에서 유추된 뜻.

예 구제(救濟)　　재해를 입거나 어려운 처지에 있는 사람을 도와줌
　　경세제민(經世濟民)　　세상을 다스리고 백성을 구제함

건널 제

囗(에워쌀 위)와 袁(옷길 원)의 합자. 긴 옷처럼 넓게 과일나무들이 심겨 있고 주변과 경계를 짓는 울타리가 처있는 장소란 의미.

예 정원(庭園)　　집 안의 뜰이나 꽃밭
　　원정(園丁)　　정원사

동산 원

广(집 엄)과 廷(조정 정)의 합자. 조정처럼 탁 트인 공간, 즉 대청이란 의미. 广은 뜻을, 廷은 뜻과 음을 담당. 뜰은 본 의미에서 유추된 뜻.

예 가정(家庭)　　한 가족이 생활하는 집
　　정원(庭園)　　잘 가꾸어 놓은 넓은 뜰

뜰 정

부디 편안하게
살아지이다

"먹고 살며 죽은 이를 보내는데 유감이 없게 하는 것, 그것
이 왕도의 시작입니다."

물대포에 맞아 사경을 헤매다 돌아간 백남기 씨 시신을 두고 부검을 주장했
던 경찰을 보며 문득 떠올렸던 『맹자』의 한 구절이에요. 유족 측은 고인을 두
번 죽이는 일이라며 반대하는데도 경찰은 기각된 부검 신청을 재신청하려 했
었지요.

애도와 재발 방지 약속을 다짐해도 모자랄 판에 시신을 놓고 벌였던 이런 처
사는 유족들과 국민들에게 한(恨)을 심어 주는 거였어요. 경찰의 공권력 행사
가 정권의 의지와 무관하지 않음을 상정할 때 경찰의 처사는 곧 정권의 처사였
다고 할 수 있어요. 유족들과 국민에게 한을 심어 준 정권, 결코 좋은 정권이었
다고 말할 수 없어요. 여기 정부는 박근혜 정부를 가리킴

민중은 개명 천지한 현대에도 이렇게 무시를 당하니 과거에야 더 말할 나위
없었겠죠? 여기에 사회 격변기까지 겹치면 민중은 그야말로 치지도외였을 거

당진 안국사지에 있는 매향비. 매향은 종교에 의지해 현실을 타개하고자 하는 민중의 저항적 의식이었다. **안국사지** 충남 당진시 정미면 수당리 667-1. 서해안고속도로 당진 IC에서 나오면 된다. 이 매향비는 안국사지 석조여래삼존입상 뒤 고래 모양의 천연 바위에 새겨져 있다.

예요. 치지도외의 무시 속에서 민중이 살아가는 방법은 무엇이었을까요? '자구책' 밖에는 다른 것이 없었겠죠.

사진은 당진에 있는 안국사지(安國寺址)의 매향비(埋香碑) 일부예요. 매향은 바닷물이 드나들던 지점에 향나무를 묻는 불교의식의 하나로 미륵불이 강림하여 새로운 세상이 열리기를 기원하는 의식이에요. 매향비는 이런 매향 장소를 기록해 놓은 비석이고요. 보통은 비석에 표시를 해 두지만, 사진처럼, 바위에 새겨 놓기도 했어요.

매향은 종교에 의지하여 곤고한 현실을 타개하고자 한 민중의 자구책 가운데 하나였다고 볼 수 있어요. 현재 발견된 매향비는 여말선초의 것이 대부분이에요. '매향＝사회 격변'을 확인시켜주는 셈이죠.

사진의 각자는 '경오 이월일(庚午 二月日) 여미북천구(余美北天口) 포동제매향(浦東際埋香)'이라고 읽어요. '포동제매향'은 잘 안보이죠? 뜻은 '경오년1390년 2월 아무 날 여미 마을 북쪽에 있는 천구 포구 동쪽 가에 향나무를 묻었다'예요(1390년은 여말 선초를 고려한 추정 연도예요). 매향은, 소극적이긴 하지만, 다분히 현실 저항적인 의식이에요. 따라서 공공연하게 치러지지 않았어요. 의식에 참여한 소수만 인지하고 비밀을 유지했고요. 위 매향도 마찬가지였겠지요.

현재 매향비는 발견된 게 그리 많지 않고, 또 발견되었다 해도 정확한 매향 장소 파악이 쉽지 않아 매향된 향나무를 찾을 수 없었어요. 그런데 이 안국사지 매향비에 언급된 향나무는 발견이 됐어요1975년. 수령이 1300~1500년된 향나무였고 높이와 둘레가 각각 2m였어요. 현재 이 향나무는 개인이 소유하고 있어요. 최초 발견자가 민간인이었고 그가 현 소유자에게 매매했다고 해요. 그런데 이 매향비가 문화재로 지정이 되어 있는 것을 고려하면 이 향나무는 개인이 소유할 물품이 아닌 것 같다는 생각이 들어요. 보태어 민중의 염원을 담았던 의식물이었던 점을 생각한다면 말이지요. 공공기관이 인수하여 전시하는 것이 마땅하지 않나 싶어요.

길에서 만난 한자어

□ 개명천지	開明天地	밝은 천지
□ 치지도외	置之度外	내버려 두고 문제로 삼지 않음
□ 자구책	自救策	자신을 구제하는 대책
□ 곤고	困苦	형편이나 처지 따위가 딱하고 어려움

물가 포

氵(水의 변형, 물 수)와 甫(씨 보)의 합자. 남자의 미칭인 '씨'처럼 토질이 좋은 물 가의 땅이란 의미. 氵는 뜻을, 甫는 뜻과 음(보→포)을 담당.

예 포구(浦口)　배가 드나드는 개의 어귀
　　만리포(萬里浦)　충남 태안에 있는 유명한 해수욕장

가 제

阝(阜의 변형, 언덕 부)와 祭(제사 제)의 합자. 신과 인간의 뜻을 상통시키는 의식인 제사처럼 언덕과 언덕이 맞닿은 지점이란 의미.

예 국제(國際)　나라와 나라의 교제. 또는 그 관계
　　천제(天際)　하늘의 끝

묻을 매

土(흙 토)와 里(마을 리)의 합자. 땅에 묻었다는 의미. 土는 뜻을, 里는 뜻과 음(리→매)을 담당.

예 매장(埋葬)　시체나 유골을 땅에 묻음
　　매복(埋伏)　상대편의 움직임이나 상태를 살피거나 불시에 공격
　　　　　　　하려고 일정한 곳에 숨어 있음

향기 향

禾(黍의 약자, 기장 서)와 日(甘의 약자, 달 감)의 합자. 기장(오곡의 한 종류)의 향기가 좋다[甘]란 의미.

예 방향(芳香)　꽃다운 향내
　　향수(香水)　향료를 알코올 등에 용해해서 만든 화장품의 하나

"그대는 왜 우리 형제를 이간질했는가!"

"만일 돌아가신 태자께서 일찍 제 말을 들으셨다면 오늘 이같은 화를 당하지 않으셨을 것입니다."

"…"

현무문의 정변 후 권력을 장악한 당 태종 이세민이 자신의 형 이건성의 부하 위징을 불러 나눈 대화예요. 위징은 이건성에게 이세민을 진즉에 제거하라고 권고했지만, 미적거리다 되레 이세민의 역습을 받아 죽게 됐죠.

당 태종은 위징과의 대화에서 형제간 이간질 운운하며 위징을 죽이려 했지만, 사실 위징의 말은 틀린 데가 없는 말이었어요. 무엇보다 당 태종 자신이 그 사실을 잘 알고 있었죠. 하여 냉정한 사실을 거리낌 없이 말한 위징에게 매력을 느껴 그를 죽이지 않고 수하로 거두죠.

권력은 형제간에도 나누기 힘든 속성이 있어요. 한동안 신문에 오르내렸던 롯데가의 권력 장악 모습도 한 방증이 될 거예요. 이런 권력의 속성에서 보면

선정묘. 정종의 넷째 아들 신성군(세종대왕과 사촌지간)의 사당으로 원래는 경기도 파주에 있었는데, 서산으로 옮겨 왔다. **선정묘** 충남 서산시 운산면 여미리 168-1.

권력 주변부 인물은 권력자에게 '울타리'보다는 '혹'에 가까운 존재라고 할 수 있어요. 언제 자신의 위치를 넘볼지 모를 존재이니까요. 당 태종의 경우, 현무문의 정변 후 화근을 없애기 위해 조카 열 명을 모두 죽였어요.

조선 태종 이방원 역시 당 태종처럼 형제를 살육하고 권력을 장악했던 인물이죠. 태종의 형 정종은 아우 이방원에게 얼른 왕위를 넘기고 고향으로 돌아갔어요. 권력의 무상함보다는 권력의 서슬푸름에 질려서요. 이런 그였으니 자식들에게 '혹'이란 존재는 어떻게 처신해야 하는지를 절절히 알려줬을 거예요.

사진은 '선정묘(宣靖廟)'라고 읽어요. 정종의 넷째 아들 '선성군(宣城君) 양정공(良靖公, 시호) 이무생(李茂生)의 사당'이란 뜻이에요.

이무생은 한때 불가에 입문한 적도 있는데, 아버지의 가르침 때문이었어요. 세종 시절엔 글공부를 게을리해 귀양을 간 적도 있는데, 글공부를 게을리한 것은 머리가 둔하거나 세력을 믿고 그랬다기보다는, 공부의 의미를 느끼지 못해 그런 것으로 보여요. 권력의 중심부에서 멀어지기 위해 불가에도 입문했던 처지니 '수신제가치국평천하'의 도를 가르치는 유교 경전 공부가 그에게 무슨 의미가 있었겠어요? 공부를 게을리 한, 아니 일부러 멀리한 그의 심정을 충분히 이해할 수 있죠.

이무생은 자잘한 벼슬을 하며 권력과 거리를 두고 별 탈없이 지내다 68세에 돌아갔어요. 아버지가 일러준 '혹'의 처신법을 충실히 이행한 삶이었다고 할 수 있죠.

이무생은 한세상 살면서 무슨 생각을 했을까요? 능력이 있었다면 세상을 원망했을 것이고, 능력이 없었다면 자족했을지도 모르겠어요. 그러나 세상을 원망하든 자족하든 늘 살얼음판을 밟는 기분은 떨치지 못했을 것 같아요. 권력 주변부의 삶, 얼핏 보면 행복할 것 같은데, 실상은 그다지 행복한 삶이 아닌 듯싶어요.

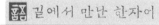 글에서 만난 한자어

□ 운운	云云	어떠하다고 말함
□ 방증	傍證	사실의 증명에 간접적으로 도움이 되는 증거
□ 화근	禍根	재앙의 근원

宣 베풀 선

宀(집 면)과 亘(걸칠 긍)의 합자. 상하좌우 공간이 넓은 큰 집이란 의미. 베풀다란 뜻은 본 의미에서 유추된 뜻.

예 선양(宣揚)　　명성이나 권위 따위를 널리 떨치게 함

　　선전(宣戰)　　다른 나라에 대해서 전쟁을 시작하겠다고 선포함

靖 편안할 정

立(설 립)과 靑(푸를 청)의 합자. 하늘의 변함없는 색깔인 푸른색처럼 항상 흔들림 없이 안정되어 있다는 의미.

예 정난(靖難)　　국가의 위난을 평정함

　　정국(靖國)　　나라를 태평하게 다스림

廟 사당 묘

广(집 엄)과 朝(조정 조)의 합자. 조정에 있는 것처럼 엄숙한 자세로 돌아가신 선조께 예를 올리는 곳이란 의미.

예 종묘(宗廟)　　조선 때, 역대 임금과 왕비의 위패를 모시던 사당

　　문묘(文廟)　　공자를 모신 사당

茂 무성할 무

艹(풀 초)와 戊(다섯째천간 무)의 합자. 풀이 무성하다는 의미. 艹는 뜻을, 戊는 음을 담당.

예 무성(茂盛)　　초목이 우거짐. 마구 뒤섞이거나 많음

　　송무백열(松茂栢悅)　　벗이 잘되는 것을 기뻐함

『맹자』에 보면 네 종류의 성인이 나와요. 깨끗한 지조를 중시한 성인, 어울림을 중시한 성인, 책임감을 중시한 성인, 진퇴 상황을 중시한 성인이에요. 맹자는 이 중에서 진퇴의 상황을 중시한 성인을 가장 높은 경지로 보고, 그 대상으로 공자를 들고 있지요.

맹자의 이 성인 분류는 일반인들의 삶의 방식을 분류하는 기준으로도 적용할 수 있을 것 같아요. 깨끗한 처신을 우선시하는 삶, 남과의 조화를 우선시하는 삶, 책임과 의무를 우선시하는 삶, 상황에 맞는 처신을 우선시하는 삶의 방식으로 말이지요.

선초, 세조의 부당한 권력 찬탈에 비분강개하여 세상을 등진 이들 중에 생육신조선 때, 단종을 몰아낸 세조의 그릇된 처사에 분개하여 벼슬을 하지 않던 여섯 사람. 이맹전·조여·원호·김시습·성담수·남효온이 있지요. 아마도 이들은 깨끗한 처신을 우선시하는 삶의 방식을 택했던 사람들일 거예요. 불의한 정권과는 타협하지 않는 지조를 우선시했으니까요.

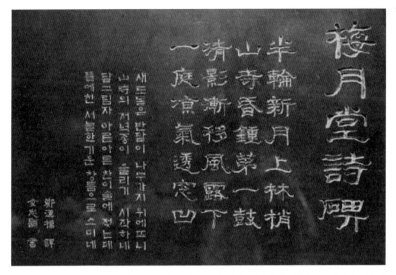

매월당 김시습 시비. 부여 무량사 사천왕문 앞 숲속에 있다. **무량사** 충남 부여군 외산면 만수리 116. 서천공주고속도로 부여 IC에서 나오면 된다.

생육신 중에 널리 알려진 이가 매월당 김시습1435-1493이죠. 사진은 매월당 김시습의 시비예요. 부여군 외산면 무량사에 있어요. 무량사는 매월당 김시습이 생애 마지막에 머물렀던 장소예요. 세조의 부당한 권력 찬탈 이후 반유반승선비인 듯 승려인 듯 생활함의 생활을 하며 전국을 떠돌았던 김시습은 자타가 공인하는 당대의 엘리트였지요. 그러나 부당한 정권에 아유하지 않겠다는 지조를 우선시했기에 평생을 방외인으로 살았죠. 한때는 세조의 『묘법 법화경』 언해 사업에 참여한 적도 있고 환속하여 가정을 꾸린 적도 있지만, 그것은 잠깐의 외도였을 뿐, 결코 자신이 선택한 삶의 방식을 저버리지 않았어요.

매월당 김시습은, 전하는 바로는, 서 있는 나무에 시를 새겨 놓고 한동안 읊고 난 뒤 통곡을 한 후 깎아 버리거나 종이에 써서 한참 바라보다가 물에 던져

버리곤 했다 해요. 쓰고 싶지 않지만, 넘쳐나는 시상을 주체할 길 없어, 어쩔 수 없이 썼다가 뒤늦은 후회로 내버렸던 것이라 볼 수 있어요. '왜 내게 부질없이 문재가 넘쳐나서 시를 쏟아냈단 말인가!' 이런 후회의 행동이었겠지요. 일종의 자학이었다고도 할 수 있을 거예요. 생각해 보면, 정말 안타까운 일이에요. 문장보국흘륭한 문장 실력으로 나라에 기여함으로 한 시대를 풍미할 능력이 있지만 불의한 시대와 타협할 수 없기에 그 재주를 사장해야만 했으니 말이에요.

사진의 시를 한 번 읽어 볼까요?

半輪新月上林梢 반륜신월상림초
山寺昏鍾第一高 산사혼종제일고
淸影漸移風露下 청영점이풍로하
一庭凉氣透窓凹 일정양기투창요

새로 돋은 반달이 나뭇가지 위에 뜨니
산사의 저녁 종이 울리기 시작하네
달그림자 아른아른 찬 이슬에 젖는데
뜰에 찬 서늘한 기운 창틈으로 스미네

반달, 나무 가지, 산사, 저녁 종, 달그림자, 찬 이슬, 서늘한 기운. 모두가 외지고 한적한 상황을 나타내는 시어들이에요. 그리고 이런 외지고 한적한 상황들을 나타내는 시어들은 '창틈'이라는 마지막 시어로 모아지고 있어요. 창틈은 물리적 공간일 수도 있지만, 시인의 내면일 수도 있어요. 흔히 마음을 '창'에 비유하니까요. 이렇게 보면 이 시는 늦가을 - 3, 4구의 내용으로 보건대 절기는 늦가을이에요 - 고즈넉한 산사의 밤 풍경을 그린 것처럼 보이지만, 실제는 더없이 서늘한 시인의 내면 풍경을 그린 것으로 볼 수 있어요. 불의의 시대에 아유하지 않고 지조를 지켰던 매월당다운 시라고 할 수 있지요.

이 시비는 부여 출신의 국문학자이자 시인인 정한모 씨가 번역하고 저명한 서예가 일중 김충현 선생이 글씨를 썼어요. 그런데 개인적으로 이 시비 글씨가 영 마음에 들지 않아요. 시 내용과 글씨가 어울리지 않거든요. 매월당 시는 담박하고 청아하기에 경쾌한 행서체로 써야 어울리는데, 이 글씨는 장중하고 전아한 내용에 어울리는 중후한 예서체로 썼거든요. 글씨란 모름지기 내용과 어울려야 제빛을 발하는 것인데, 이런 점에서는 실패한 작품이란 생각이 들어요. 글씨 그 자체만으로는 훌륭할지 몰라도요.

김시습 시를 대하니 절로 우리 시대에서 김시습은 누구일까 생각하게 돼요. 누구일까요? 그가 누구인지는 잘 모르겠지만, 한 가지는 분명해요. 김시습이 적을수록 행복한 시대요, 많을수록 불행한 시대라는 거요.

길에서 만난 한자어

☐ 진퇴	進退	나아감과 물러섬
☐ 아유	阿諛	아첨하며 잘 보임
☐ 방외인	方外人	시류에 따르지 않고 독자 가치를 추구하며 사는 사람
☐ 문재	文才	글재주
☐ 전아	典雅	법도에 맞고 우아함

車(수레 거)와 侖(둥글 륜)의 합자. 둥근 수레바퀴란 의미. 車는 뜻을, 侖은 뜻과 음을 담당.

> 예 윤화(輪禍)　자동차 사고
> 　　원륜(圓輪)　둥근 달

바퀴 륜

氏(氐의 약자, 근본 저)와 日(날 일)의 합자. 氐는 식물의 뿌리가 땅 밑으로 깊숙히 들어간 모양을 그린 것. 그렇듯 해가 공중에서 아래로 내려왔다는 의미.

> 예 황혼(黃昏)　해가 지고 어둑어둑할 때
> 　　혼우(昏愚)　매우 어리석음

어두울 혼

氵(水의 변형, 물 수)와 斬(벨 참)의 합자. 안휘성 이현에서 발원하여 동해로 흘러드는 물 이름. 氵는 뜻을, 斬은 음(참→점)을 담당. 차차란 뜻은 본 의미에서 유추된 뜻.

> 예 점진(漸進)　조금씩 앞으로 나아감
> 　　점층(漸層)　작고 약한 것에서 크고 강한 것으로 끌어올려 표현함

차차 점

아래로 움푹 팬 물건을 그린 것.

> 예 요철(凹凸)　오목함과 볼록함
> 　　요처(凹處)　오목하게 들어간 곳

오목할 요

"어허, 이거 먹을 게 없구나. 상을 물려라!"

신임 현감은 아전들에게 호통을 쳤어요. 아전들은 당황해서 부랴부랴 새 상을 차렸지요. 그러나 현감의 호통은 여전했어요. 아전들은 땀을 뻘뻘 흘리며 어찌할 바를 몰라 했지요. 그러자 현감이 말했어요.

"내가 먹을 것은 오곡밥 한 그릇과 나물국 한 그릇이다!"

아전들은 어리둥절했어요. 혹시 자신들을 시험하는 것 아닌가 싶었던 거지요. 어리둥절해 하는 아전들을 향해 현감이 다시 말했어요.

"어허, 못 들었는가? 내가 먹을 것은 오곡밥 한 그릇과 나물국 한 그릇이라니까!"

곧바로 내온 오곡밥 한 그릇과 나물국 한 그릇. 현감은 더없이 맛있게 먹었어요. 아전들은 신기한 눈초리로 신임 현감을 바라봤어요.

57살. 선조 6년. 토정 이지함1517~1578은 생애 첫 관직으로 포천 현감을 제수 받았어요. 새로이 등극한 선조는 사화로 얼룩진 정치를 일신하기 위해 명망

토정 이지함의 묘지명. **이지함 묘** 충남 보령시 주교면 고정리 산 27-3. 서해안고속도로 광천 IC로 나오면 된다.

있는 재야인사를 관직에 등용했어요. 토정 이지함도 이때 발탁되었지요. 부임 첫날 성대한 상차림을 대하고 토정은 어이가 없기도 하고 가슴이 아팠어요. 일개 현감이 이렇게 성찬을 대한다면 그 위의 벼슬아치들은 어떨 것인가 하는 생각과 재야에 있으면서 수없이 목격한 헐벗고 굶주린 백성들이 떠올랐기 때문이지요. 성찬은 자신이 먹을 음식이 아니었어요. 하여 먹을 게 없다고 말했던 것이지요. 토정은 포천 현감으로 재직하는 동안 오곡밥 한 그릇과 나물국 한 그릇의 식사를 고수했어요.

　보령 가는 길에 토정 이지함 선생의 묘소를 찾았어요. 『토정비결』의 저자로 알려진 분이라 한번 들려보고 싶더군요. '비결'의 주인공은 어떤 터에다 묘를 썼을까 궁금했어요. 선생의 묘소는 풍수지리에 일자무식인 제가 보기에도 좋

140

아 보이더군요. 단순히 주변 지역을 정리해서 그런 것만은 아닌 것 같았어요.

선생의 묘소는 일종의 가족 묘지인데, 선생이 생전에 잡아 놓은 터라고 해요. 어머니를 이장하면서 조성하게 됐다는군요. 선생은 어머니를 이곳에 이장하면서 자신과 형제들의 득남 그리고 조카 중 한 명이 영의정에 오를 것을 예견했는데 실제 그 예언대로 실현되었어요.

그러나 제가 토정 선생의 묘소를 찾으면서 감탄한 것은 그런 예언이나 묘터의 훌륭함 때문이 아니라 선생의 묘비명 때문이었어요.

'토정 선생이공지묘(土亭先生李公之墓)'. '토정 이지함의 묘'. 곤고한 백성들이 생각나 진수성찬을 마다하고 오곡밥 한 그릇과 나물국 한 그릇으로 끼니를 때웠던 그의 행동과 잘 어울리는 묘비명이란 생각이 들더군요. 조그만 벼슬자리를 얻어도 묘비명에 치렁치렁 써대는 것과 비교하면 얼마나 신선한 묘비명인지요.

그런데 자신의 묘비명은 소박하게 썼지만, 부인의 묘비명은 극진하게 썼어요. '공인완산이씨(公人完山李氏) 부좌(祔左)'. 공인은 정 6품이나 종 6품 벼슬을 지낸 관리의 부인에게 내리던 호칭이고, 부좌는 돌아간 이를 왼쪽에 모셨다란 의미예요. 자신의 묘비엔 아무런 직책을 쓰지 않았지만, 부인에게는 벼슬을 지낸 이의 아내였다는 것을 써주어 섭섭지 않게 해줬어요. 이 역시 곤고한 백성을 먼저 생각하고 자신의 안일을 뒤로 미뤘던 그의 행동과 일치하는 일이에요. 이런 묘비명이 생전에 그가 미리 말해 두었던 것인지 아니면 후인이 그렇게 한 것인지 알 길 없지만 분명한 것은 그의 삶과 잘 어울리는 아름다운 묘비명이란 거예요.

토정 이지함은 기인과 예언가로 널리 알려졌지만 실은 대단한 현실 개혁가였어요. 비록 우여곡절로 현실 정치에 몸담지 않았지만- 그가 현실 정치에 몸담은 것은 생애 말년의 일이에요. 포천 현감으로 1년, 아산 현감으로 3개월을 봉직했지요. 그는 조정 내외의 주요 인사들과 관계를 맺고 있었고 당대 조선을 개혁할 혁신적인 방안 - 상공업의 진흥과 자원 개발 - 을 갖고 있었어요. 말년에 그가 유일로 천거된 것은 그의 이런 면모가 사람들의 주목을 받았기 때문이지요. 그가 가졌던 개혁안은 그가 온몸으로 현실과 부딪히며 배운 것들이었어요. 기인이나 예언가로서의 면모는 이런 과정에서 나온 부스러기라고 볼 수 있어요.

포천 현감으로 부임하며 보인 에피소드는 그가 온몸으로 현실을 체험했기에 나올 수 있었던 일이지요. 하지만 그의 개혁안은 당대에 수용되지 않았죠. 만일 그의 개혁안이 당대에 수용되었다면 우리는 토정을 달리 기억할 거예요. 기인이나 예언가가 아닌 개혁 정치가로.

글에서 만난 한자어

☐ 명망	名望	명성과 인망
☐ 풍수지리	風水地理	땅의 형세나 방위를 인간의 길흉화복에 관련시켜 설명하는 학설
☐ 일자무식	一字無識	하나도 아는 게 없음
☐ 유일	遺逸	숨은 인재
☐ 천거	薦擧	인재를 어떤 자리에 추천하는 일

밭을 갈아 흙덩이가 일어난 모양을 본뜸.

- 예 강토(疆土)　국경 안에 있는 한 나라의 땅
- 초토(焦土)　불에 타서 검게 그을린 땅. 불에 탄 것처럼 황폐해지고 못 쓰게 된 상태를 비유적으로 이른 말

高(높을 고)의 약자와 丁(釘의 약자, 못 정)의 합자. 못처럼 길쭉이 높은 곳에 설치한 건물이란 의미. 高의 약자는 뜻을, 丁은 뜻과 음을 담당.

- 예 정자(亭子)　자연 경관을 감상하면서 한가로이 놀거나 휴식을 취하기 위하여 주변 경관이 좋은 곳에 아담하게 지은 집

土(흙 토)와 莫(暮의 약자, 저물 모)의 합자. 흙을 쌓아 올리지 않고 평지와 같은 높이로 만든 으슥한[莫] 무덤이란 의미. 土는 뜻을, 莫는 뜻과 음(모→묘)을 담당.

- 예 묘비(墓碑)　무덤 앞에 세운 비석
- 성묘(省墓)　산소에 인사를 드리고 보살핌

示(神의 약자, 귀신 신)과 付(붙일 부)의 합자. 죽은 이를 다른 이(남편 등)와 함께 장사지냈다는 의미. 示는 뜻을, 付는 뜻과 음을 담당.

- 예 부폄(祔窆)　한 무덤 안에 같이 장사 지냄

143

낙서인가,
불멸의 염원인가

바람처럼 왔다가 이슬처럼 갈 순 없잖아

내가 산 흔적일랑 남겨 둬야지

사람들이 흔적, 좀 더 정확하게는 문자나 문자와 유사한 흔적을 남긴 역사는
무척 오래되었죠. 서양 미술사의 첫 장을 장식하는 알타미라나 라스코의 동굴
벽화도 일종의 문자와 유사한 흔적이라는 것을 생각하면 사람이 남긴 문자의
흔적사가 얼마나 장구한 역사를 가졌는지 알 수 있죠. 더구나 알타미라나 라스
코의 동굴 벽화가 상당히 정제된 표현이라는 것을 감안하면 그 이전의 원형에
해당하는 것들이 있을 수 있다고 상정할 수 있고, 그렇게 되면 사람이 남긴 문
자의 흔적사는 한층 더 위로 올라가겠죠.

사람들은 왜 문자의 흔적을 남긴 걸까요? 다방면의 답변이 나올 수 있겠지
만, 개인적으론, 영원성에 대한 동경이 가장 큰 요인이 아닐까 싶어요. 사라지
는 것들을 붙잡고 싶은 욕망에서 비롯된 것이 아닐까 싶은 거죠. 그 욕망 중에
서 가장 큰 욕망은 당연히 영원히 살고 싶은 거겠죠. 비록 자신의 육신이 사라

도솔암에 있는 용문굴의 문자 흔적. 도솔암은 선운사 부속 암자이고, 용문굴은 도솔암 뒤편에 있다. **도솔암** 전북 고창군 아산면 삼인리 618. 서해안고속도로 고창 JC로 나오면 된다.

진다 해도 문자로 남긴 흔적은 영원히 살아 자신의 삶을 대체한다고 믿는(믿고 싶은) 그런 불멸에 대한 욕망이 문자의 흔적을 남기게 한 것 같아요. 비록 그것이 역사에 발자국을 남긴 이의 흔적이 아니라 할지라도 말이죠.

사진은 '정와(靜窩) 김인중(金仁中) 경암(敬庵) 김노수(金魯銖)'라고 읽어요. 고창 선운사의 용문굴에 새겨진 흔적이에요. 『한국인명대사전』(신구문화사)과 『동양학대사전』(경인문화사)을 찾아 봤지만 이름이 올라 있지 않은 것으로 보아 그리 유명한 분의 성명은 아닌 듯싶어요.

두 사람은 왜 용문굴에 자신들의 호와 이름을 새긴 걸까요? 그건 앞서 말한 대로 영원성에 대한 동경이 가장 큰 요인이 아니었을까 싶어요. 바로 저 조용필의 노래 〈킬로만자로의 표범〉 한 대목처럼 가뭇없이 사라지는 삶에서 영원히 살 방법은 흔적을 남기는 것밖에 없다는 욕망에서 말이죠. 비록 아름다운 모습은 아니지만, 두 분은 꽤 오랫동안 그 욕망을 충족시킨 것 같고 시킬 수 있을 것 같아요.

구비문학이란 것이 있죠. 입에서 입으로 전승되어 온 문학이란 뜻이죠. 여기서 구비란 말 그대로 입[口]에다 새긴 비석[碑]이란 뜻이죠. 구비는 가장 원시적인 방법이면서 또한 가장 많이 사용되는 흔적 남기기 방법이에요. 비근한 예로 우리 부모님들의 삶은 대부분 구비로 그 흔적이 남죠.

갖가지 표기 방식이 발달한 현대에 여전히 원시적인 방법이 많이 사용되고 있다는 것은 원시적인 방법이 외려 어떤 첨단 기록보다 강력한 흔적 남기기 방법일 수 있다는 것을 반증해요. 사람들의 입에 좋은 흔적을 남기는 것, 그것이야말로 흔적 남기기 좋아하는 이들이 우선적으로 생각해야 할 흔적 남기기 방법이 아닐까 생각해 봐요.

길에서 만난 한자어

□ 동경	憧憬	어떤 것을 간절히 그리워해서 그것만을 생각함
□ 대체	代替	다른 것으로 바꿈
□ 전승	傳承	이어받음
□ 비근	卑近	흔히 보고 들을 수 있을 만큼 알기 쉬움

靜
고요할 정

靑(푸를 청)과 爭(다툴 쟁)의 합자. 요란하지[爭] 않은 상황에서 분명하게[靑] 살펴본다는 의미. 靑은 뜻을, 爭은 뜻과 음(쟁→정)을 담당. 고요하다란 뜻은 본 의미에서 유추된 뜻.

예 정적(靜寂)　　고요하여 잠잠함
　　정중동(靜中動)　조용히 있는 가운데 어떤 움직임이 있음

窩
움집 와

穴(구멍 혈)과 咼(입비뚤어질 괘)의 합자. 출입구가 반듯하지 않은 움집이란 의미. 穴은 뜻을, 咼는 뜻과 음(괘→와)을 담당.

예 와가(窩家)　　도둑들의 소굴
　　와주(窩主)　　도둑들이 훔친 물건을 감추어 두는 곳

魯
노둔할 노

日(白의 변형, 나타낼 백)과 魚(물고기 어)의 합자. 어리석은 이는 말과 행동으로 그 어리석음을 드러낸다는 의미. 日은 뜻을, 魚는 음(어→노)을 담당. 나라 이름으로도 사용.

예 노둔(魯鈍)　　둔하고 어리석어 미련하다
　　노논어(魯論語)　『논어』 초기 본 중의 하나

銖
중량이름 수

金(쇠 금)과 朱(붉을 주)의 합자. 양(兩)의 1/24을 가리키는 무게. 金은 뜻을, 朱는 음(주→수)을 담당.

예 치수(錙銖)　　극소량. 하찮은 득실
　　수분(銖分)　　세밀히 분석함

90년대 말 서울문화재단 남산센터에서 만화 연수를 받은 적이 있어요. 그때 건물을 드나들면서 복도 쪽 창 너머 건물 외벽에 있는 낯익은 글씨를 자주 보았어요. 70년대 같으면 각별한 보호를 받았을 그 글씨는 관리는커녕 조만간 철거될 모양인지 흉물스럽게 방치되어 있더군요. 박정희 대통령의 글씨였어요. 지금은 어떤 상태로 있는지 궁금하네요.

박정희 대통령만큼 전국 곳곳에 자신의 휘호를 남겨 놓은 지도자도 흔치 않을 것 같아요. 한때는 박정희 대통령의 글씨를 찬양까지는 아니래도 독특한 서체라고 추켜세웠던 적도 있었지요. 박정희 대통령의 글씨가 많은 것은 그가 집권한 기간이 길기도 하지만 무엇보다 그가 병영 사회를 지향한 데서 연유해요. 병영사회는 일사불란한 행동 통일을 해야 하는데, 이때 효율적인 수단이 바로 구호이죠. 곳곳에 박정희 대통령의 구호성 휘호가 많은 것은 바로 이런 이유 때문이에요.

이런 점은 북한도 마찬가지인 것 같아요. 곳곳에 김일성과 김정일의 구호성 휘호가 널려 있는 것은 잘 알려진 사실이잖아요? 우리는 그래도 정권이 바뀌어

경북 청도 와인 터널 입구에 새겨진 휘호. 일본군 중장 데라우치 마사타케가 쓴 글씨가 아직도 붙어 있다는 게 의아하다. **청도 와인 터널** 경북 청도군 화양읍 송금리 산 121. 중앙고속도로 청도 IC로 나와 찾으면 된다.

박정희 대통령의 구호성 휘호가 철거되거나 가려진 데 반해 북한은 여전하죠. 통일된 이후 북한 곳곳에 새겨진 김일성과 김정일의 구호성 휘호는 골치 아픈 처리물이 될 거예요.

사진은 '대천성공(代天成功)'이라고 읽어요. '하늘을 대신하여 공을 이루다'란 뜻이에요. 감 와인 생산지로 유명한 청도 터널 입구에 새겨진 글씨예요. 의미로 보아 하늘이 해야 할 어마어마한 일을 해냈다는 찬사인 듯 싶어요.

그런데 글씨를 쓴 사람이 우리나라 사람이 아닌 일본군 중장 데라우치 마사타케(寺內正毅)예요. 메이지(明治) 37년1904년에 쓴 것으로 돼 있어요. 대한제국 시절 경부선 철도 부설권을 따낸 일본은 1896년~1904년 사이에 경부선 철도를 놓았는데 청도 터널도 그 와중에 완성되었다고 해요. 청도 터널은 고지대에 위치하여 만들기가 쉽지 않았기에 '대천성공'이란 글귀를 써놓은 듯 싶어요.

세월이 지나 이제는 감 와인 숙성지로 변모됐지만, 이 청도 터널은 돌이켜보기도 싫은 장소가 아니었을까 싶어요. 청도 터널은 고지대에 있어요. 지금처럼 장비가 잘 갖춰진 시대도 철도 놓기가 만만치 않은 지역이죠. 이러니 부설 당시 철도 놓기가 얼마나 어려웠겠으며, 이 과정에서 얼마나 많은 이들이 희생됐겠어요? 그리고 그 희생은 결코 일인이 아닌 한인이었겠죠. 게다가 그 치적은 고스란히 일본의 치적으로 돌려졌으니 말이에요(터널 위에 순종의 휘호나 우리나라 관리의 휘호가 아닌 일본 군인의 휘호가 걸린 것이 이를 증명하죠).

휘호를 쳐다보며 문득 이런 생각이 들었어요.

'오랜 세월이 흐른 지금까지 저 휘호가 걸려 있어야 할 이유가 무엇일까?

역사의 흔적이니 두고 보자는 것일까요? 아니면 휘호를 건드리면 터널 건축 구성에 악영향이 있기 때문일까요? 지나간 정권의 지도자 휘호를 방치하거나 지우려 하는 판에 쓰라린 상처를 준 상대국의 군인 휘호를 굳이 보관할 이유가 어디 있을까 싶어요. 떼 버리고 대신에 터널을 건설하는 데 동원됐던 수많은 무명씨를 기리는 휘호를 써 놓든가, 아니면 아예 아무것도 써붙이지 않는 게 어떨까 싶더군요.

길에서 만난 한자어

□ 휘호	揮毫	붓을 휘둘러 글씨를 쓰거나 그림을 그림
□ 병영 사회	兵營社會	군대와 같이 일사분란하고 경직된 사회
□ 와중	渦中	일 따위가 시끄럽고 어지럽게 벌어진 가운데
□ 부설	敷設	철도·다리·지뢰 따위를 설치함
□ 치적	治績	잘 다스린 공적

代 대신할 대

亻(사람 인)과 弋(문지방 익)의 합자. 중간에 있으면서 내외를 이어 주는 문지방처럼 내용과 형식을 바꿔 이어간다는 의미. 亻은 뜻을, 弋은 뜻과 음(익→대)을 담당.

예 대신(代身)　남의 구실이나 책임을 떠맡음
　　대리(代理)　남의 일을 대신 처리함. 또는 그 사람

天 하늘 천

사람[大, 사람이 양 팔과 다리를 벌리고 서있는 모양] 위에 있는 지극히 높은 곳[一, 상징적 기호]이란 의미.

예 천지(天地)　하늘과 땅
　　천명(天命)　하늘의 명령

成 이룰 성

도끼를 서로 내려놓은 모습을 그린 것으로, 싸움을 끝내고 화해를 이뤘다는 의미.

예 성취(成就)　목적한 바를 이룸
　　성사(成事)　일을 이룸. 또는 일이 이루어짐

功 공 공

工(장인 공, 본래 자[尺]를 그린 것으로 규준, 법도란 의미 내포)과 力(힘 력)의 합자. 국가가 요구하는 일정한 규준과 법도에 맞게 세운 업적이란 의미. 力은 뜻을, 工은 뜻과 음을 담당.

예 공적(功績)　공로의 실적
　　논공행상(論功行賞)　공적에 따라 상을 주는 일

시대의 길에서 만난 한자

五

이정현 새누리당 대표가 비공개 단식 4일째인데 탈진 증세
가 나타났다고 하네요. 소식을 전하는 인터넷 기사의 댓글을 보니 조롱 일색이
더군요.

"누구는 40일을 했는데 벌써…." "몰래 먹기? 안 먹기?"

"죽을 때까지 해라!" 등등.

여론의 지지를 받지 못하는 이런 단식을 뭐하러 하나 모르겠어요. 단식 농
성은 시작하기는 쉬워도 마무리하기는 쉽지 않죠. 이 대표의 고민이 깊을 것
같아요.

『맹자』에 보면 이런 내용이 나와요.

"백성 놈들이 제 상관이 전쟁터에서 죽어 나가는데도 쳐다만 보고 구해 줄 생
각을 안 합니다. 이놈들을 다 죽여 버리고 싶지만, 숫자가 너무 많아 못 죽이고
있습니다. 이놈들을 어떻게 하면 좋을까요?"

"흉년이 들어 백성들이 굶어 죽어 시궁창에 시체가 즐비하건만 담당자들은

이 사실을 제대로 임금께 아뢰지 않았
습니다. 창고에는 곡식과 재화가 그득
하건만 백성들은 아무런 혜택을 못 받
고 있습니다. 제 상관이 죽는데도 백
성들이 눈 하나 까딱하지 않는 것은
그들이 받았던 대접을 그대로 갚아 주
고 있는 것뿐입니다. 백성들을 탓하지
마십시오. 저들을 긍휼히 보살폈다면
저들이 그런 행동을 하겠습니까! 증
자께서 말씀하셨죠. '조심하고 조심하
라. 네게서 나온 것이 네게로 돌아올
것이다.'"

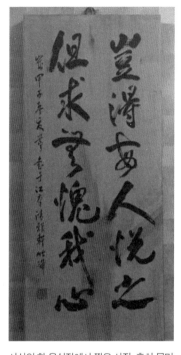

서산의 한 음식점에서 찍은 사진. 흔히 목민
관의 처신훈으로 회자되는 문구.

　이 대표의 단식 농성이 조롱 일색
인 것은 그와 새누리당이 보여 준 행
태에 대한 앙갚음일 거예요. 자업 자
득이랄까요?

　사진은 서산의 한 음식점에서 찍었어요.
　한자는 '豈得每人悦之 但求無愧我心기득매인열지 단구무괴아심'이라고 읽어
요. '어찌 사람 하나하나를 기쁘게 할 수 있으리오. 다만 내 마음에 부
끄러움이 없기만을 구할 뿐'이라는 뜻이에요.
　흔히 목민관의 처신훈으로 회자되는 문구지요. 자신의 양심에 투철할 때

제반 행정도 공정하게 이뤄질 거라는 기대를 나타낸 것으로요. 양심이 살아 있다면 과히 틀리지 않은 말이지만, 양심이 죽어 있다면 문제가 될 수 있는 말이에요. 당장 새누리당 이정현 대표를 봐도 그래요. 자신은 무척 떳떳한 것처럼 말하며 행동하고 있지만 많은 사람은 그의 양심이 왜곡돼 있다고 생각해요. 하여 그의 단식 농성을 조롱하는 것이지요. 제가 보기에도 그가 자신의 마음에 부끄럽지 않다고 여기는 것은 그가 모시는 '넘버 원'에 대한 충성심 뿐인것 같아요. 국민 여론은 그의 안중에 없는 듯 보여요.

위 문구를 이정현 대표에게 맞게 해석하면 이렇게 풀이할 수 있을 거예요.

"국민들 하나하나를 어찌 기쁘게 할 수 있으리오. 그저 (넘버 원에 대한) 충성심에 부끄러움이 없기만을 구할 뿐."

너무 '조롱'했나요?

길에서 만난 한자어

☐ 탈진	脫盡	기운이 다 빠져 없어짐
☐ 조롱	嘲弄	비웃거나 깔보면서 놀림
☐ 자업자득	自業自得	자기가 저지른 일의 과보를 자기가 받음
☐ 처신훈	處身訓	세상사는 몸가짐에 관한 가르침
☐ 회자	膾炙	널리 사람들의 입에 자주 오르내림

悅(心의 변형, 마음 심)과 兌(기쁠 태)의 합자. 마음이 기쁘다는 의미.

기쁠 열

예 법열 (法悅)　　참된 이치를 깨달았을 때에 느끼는 황홀한 기쁨
　　희열 (喜悅)　　기쁘고 즐거움

豆(제기 두)와 山(微의 약자, 작을 미)의 합자. 전승자를 위한 예식[豆] 음악이란 의미. 음이 같은 것을 빌미로 '어찌'라는 뜻으로도 사용. 豆는 뜻을, 山는 음(미→기)을 담당.

어찌 기

예 기유차리 (豈有此理)　　그럴 리가 있으랴. 그럴 리가 없음.

亻(사람 인)과 旦(아침단)의 합자. 웃통을 벗다란 의미. 음이 같은 것을 빌미로 '다만'이란 뜻으로도 사용. 亻은 뜻을, 旦은 음을 담당.

다만 단

예 단지 (但只)　　다만. 오직
　　단서 (但書)　　법률 조문이나 문서 따위에서, 본문 다음에 그에 대한 조건이나 예외 따위를 나타내는 글

愧(心의 변형, 마음 심)과 鬼(귀신 귀)의 합자. 귀신을 대하면 놀랍고 불안하듯 그같이 편치 않은 마음이란 의미.

부끄러울 괴

예 참괴 (慚愧)　　매우 부끄럽게 여김
　　자괴 (自愧)　　스스로 부끄러워함

이게
나라냐

'샤먼이 지배하는 고대 제정(祭政)사회로 돌아간 한국'

외국에서 바라본 2016년 11월의 한국 모습이죠. 북한은 김씨 일가가 지배하는 봉건 왕조이고, 남한은 샤먼이 지배하는 제정사회이고…. 이 나라가 어쩌다 이 지경이 됐는지 모르겠어요. 지하에 계신 순국선열들이 가슴을 치며 통탄할 것 같아요.

사진은 산책 중에 주운 병뚜껑이에요. '백련(白蓮)'이라고 읽어요. '하얀 연(꽃)'이란 뜻이지요. 논두렁에서 주웠는데, 농약 뚜껑 아니면 막걸리 뚜껑일 듯 싶더군요. 집에 와서 자료를 찾아보니 꽤 유명한 막걸리 이름으로 나오더군요. 막걸리 뚜껑이었어요. 찌그러진 뚜껑을 쳐다보니 청대 중기를 뒤흔들었던 '백련교(白蓮敎)의 난'이 떠오르더군요. 샤먼 정국 때문에 그런 생각을 떠올렸는지도 모르겠어요.

백련(白蓮)이란 이름의 막걸리 병 뚜껑. 연꽃잎을 사용하여 제조한 막걸리로 청와대 만찬주로 사용된 적이 있다. 충남 당진 신평에서 제조한다.

백련교는 송대 후기에 발생한 불교 계통의 신흥 종교예요. 신흥 종교가 대개 그렇듯 현교 형태가 아니고 밀교 형태로 전파됐죠. 핵심 내용 역시, 신흥 종교가 그렇듯, 구원이 중심을 이뤘고요. 석가모니 사후부터 56억 7천만 년이 지나면 미륵불이 현세에 내려와 현세의 혼탁함과 모든 고난을 없애고 지상에 천상의 극락세계를 세울 것이라고 포교했어요. 질곡에 시달리던 민중들에게 급속도로 퍼져 나갔죠. 이후 백련교는 정부의 탄압을 받긴 했지만 명, 원, 청대에 걸쳐 계속 명맥을 유지했어요. 명을 건국한 주원장도 한때 백련교도였어요.

청대 중기에 들어와 호북성 양양에서 최초의 백련교 봉기가 발생했어요1796년. 양양지방의 관리였던 백련교주 제림은 관리들이 백련교도뿐만 아니라 무고한 백성에 가하는 횡포를 참지 못해 반란을 준비했죠. 그런데 사전에 발각되고 말았어요. 제림은 반란의 깃발도 올리지 못한 채 동지들과 함께 세상을 뜨고 말았죠. 비록 제림은 죽었으나 그의 뜻은 부인 왕총아에게 이어졌어요.

양양의 봉기는 큰 호응을 얻었고 섬서성, 사천성의 백련교도들도 봉기에 가담했죠. 백련교 반란군의 세력이 급속도로 확장되자 청 조정은 즉시 대규모 군대를 파견하여 반란 진압에 나섰어요. 왕총아는 게릴라 전법을 구사해 사천, 섬서, 감숙, 하남 등지를 떠돌며 청나라 군대를 상대하며 승리를 거두죠.

백련교 반란군에게 거듭 패하자 청 조정은 1799년 만주에 주둔하고 있던 액륵등보와 덕릉태를 불러 지휘관으로 삼고, 반란군 진압을 명했어요. 청나라군은 농민들을 집결시켜 백련교도와의 접촉을 단절시키고, 백련교 반란군의 식량 조달과 병력 보충도 차단시켰죠. 또한 청군은 그 지역 지형에 익숙한 현지인들을 중심으로 향용을 조직하여 토벌전에 투입했어요. 전세가 백련교 반란군에게 불리해지자 왕총아는 모산으로 후퇴했죠. 청군은 추격전 대신 모산 전체를 포위했고, 포위망을 뚫지 못한 왕총아는 결국 자결로 생을 마감해요. 이후 백련교 반란군은 청군에게 항복을 거부한 채 항쟁했지만, 1801년에 지도자였던 유지협이 체포당했고, 1805년에는 결국 진압되었죠.

백련교의 난을 진압했지만, 청 조정의 출혈도 만만치 않았어요. 난을 진압하기 위해 약 10년의 세월을 전쟁으로 보내며 국토를 황폐화시켰고, 1억 2천만 냥 내지 2억 냥이란 거금을 지출했기 때문에 재정이 형편없게 되었죠. 게다가 백련교 반란군에게 거듭 패하며 관군의 부패함과 무능함을 세상에 스스로 알렸죠. 또한 관군이 자력으로 난을 진압하지 못하고 지방 향용의 힘을 빌린 것에 큰 충격을 받았어요. 백련교의 난은 청나라 쇠퇴의 계기를 제공했죠(이상 백련교 관련내용 daum 백과사전 참고).

백련교의 난이든 지금 우리나라의 샤먼 정국이든 근본 원인은 정부의 부패와 실정에 있어요. 백련교의 난이나 샤먼 정국은 이러한 상황에 저항하거나 혹은 편 승하여 발생한 것뿐이지요. 따라서 그 해법은 백련교의 난을 평정하거나 샤먼을 처단하는 데 있는 것이 아니라 부패한 정부를 개혁하고 실정을 바로잡는 데 있어요. 이런 차원에서 박근혜 대통령은 '책임 총리, 거국 중립 내각, 헌정

중단 우려' 등을 운운하며 자리에 연연해선 안 돼요. 부패와 실정으로 대표되는 본인이 우선 물러나야 이 나라가 바로 설 준비를 할 수 있기 때문이죠. 그것이 그나마 그가 이 나라에 기여하는 바이기도 할 테고요.

길에서 만난 한자어

□ 현교	顯教	공개적이고 개방적인 가르침
□ 밀교	密教	비밀스런 가르침
□ 질곡	桎梏	몹시 속박하여 자유를 가질 수 없는 고통스런 상태
□ 향용	鄕傭	현지인을 고용하여 조직한 군대
□ 편승	便乘	어떤 세력이나 흐름에 덧붙어서 따라감

흰 백

日(날 일)과 丶의 합자. 해[日]가 떠오르기 전의 빛깔丶은 하얗다는 의미. 丶는 해가 떠오르기 전의 빛깔을 상징한 표시.

예 흑백(黑白)　　검은빛과 흰빛
　　백야(白夜)　　밤에 어두워지지 않는 현상. 또는 그런 밤

연꽃 련

艹(풀 초)와 連(이을 련)의 합자. 연밥이란 의미. 艹는 뜻을, 連은 음을 담당. 연꽃이란 의미는 본 의미에서 연역된 뜻.

예 연근(蓮根)　　연꽃의 땅속줄기
　　연방(蓮房)　　연밥이 들어있는 송이

제사 제

示(神의 약자, 귀신 신)과 又(手의 변형, 손 수)와 月(肉의 변형, 고기 육)의 합자. 신에게 음식[月]을 드리는[又] 행위를 의미.

예 제수(祭需)　　제사에 드는 여러 가지 재료
　　제주(祭主)　　제사를 주관하는 사람

정치 정

正(바를 정)과 攵(칠 복)의 합자. 백성을 독려하여[攵] 바른[正]로 나아가게 하는 일이란 의미.

예 임정(臨政)　　임시 정부의 준말
　　정부(政府)　　국가의 통치권을 행사하는 기관

'대통령 호위 무사'

유영하 변호사의 별명이라죠? 변호사의 '변'은 辯으로 쓰죠. '분별하다'란 의미고요. 그런데 '분별하다'란 의미의 '변'을 辨으로 쓰기도 해요. 가운데에 言(말씀 언) 대신 刂(칼 도)가 들어가 있는 점이 다르죠. 이렇게 보면 변호사를 호위 무사라고 해도 무방할 듯싶어요. 말이라는 칼로 사리를 분별하여 의뢰인을 지킨다는 의미로요.

변호사는 당연히 말의 칼을 잘 다뤄야겠지요. 아울러 말의 칼에 대한 철학도 있어야 할 것 같고요. 이런 점에서 진검에 대한 철학은 말의 칼을 다루는 사람에게 많은 시사점을 줄 것 같아요. 형태는 다르지만, 똑같이 칼을 다룬다는 차원에서요.

진검에 대한 철학서 중에 널리 알려진 것이 미야모토 무사시의 『오륜서』죠. 오륜서 내용 중에 다음과 같은 내용이 있어요.

"무사는 목숨이 일각에 달린 긴박한 전쟁터에서도 평정심을 유지해야 한다. 지나치게 긴장해서도 안 되고 그렇다고 긴장을 늦추어서도 안 되며, 마음이 한쪽으로 치우치지 않도록 중심을 바로 잡으면서도 마음을 유연하게 움직일 수 있어야 한다. 몸이 움직이지 않을 때도 마음은 끊임없이 움직여야 하며, 몸이 빠르게 움직일 때도 마음은 평소와 같이 평온하게 움직여야 한다."

사진의 한자는 '검도'라고 읽고, '칼의 도'라고 풀이한다. 사진은 검도학원 간판인데, 글자를 대하니 박근혜 대통령의 호위 무사를 자처했던 유영하 변호사가 생각났다. 그는 칼의 도를 지켰을까?

진검을 제대로 쓰는 데 필요한 것은 칼 솜씨 이전에 칼을 다루는 마음가짐인데, 그 마음가짐을 무사시는 '평정심'이라고 했어요. "목숨이 일각에 달린 긴박한 전쟁터에서도 평정심을 유지해야 한다"고 말하고 있어요. 마음이 흔들리면 칼이 흔들리고 칼이 흔들리면 상대에게 진다는 의미라고 볼 수 있을 거예요. 이는 말의 칼을 다루는 사람의 경우에도 마찬가지일 거예요.

최순실 게이트에 대한 검찰의 발표 이후 유 변호사는 이렇게 말했죠.

"객관적 증거에 의해 사실관계를 확정한 후 법리를 적용해 결정하는 것이 수사인데도 검찰의 이날 발표는 상상과 추측을 거듭한 뒤 그에 근거해 자신들이 바라는 환상의 집을 지은 것으로, 중립적 특검의 엄격한 수사와 증거를 따지는 법정에서는 한 줄기 바람에도 허물어지고 말 그야말로 '사상누각'이라고 하지 않을 수 없다."

그러면서 대통령은 검찰의 조사에 응하지 않을 것이라고 했죠.

변호사는 으레 검찰의 수사 발표를 반박하죠. 의뢰인을 위한 상투적인 서비스라고나 할까요? 하지만 납득할만한 반박을 해야 듣는 이들이 수긍하죠. 유 변호사의 발언은 납득하기 어려워요. 검찰 수사 내용을 전면 부정하고 있기 때문이죠. 검찰은 입증할 만한 근거를 가지고 대통령의 '공모'를 언급하는데, 유 변호사는 '상상과 추측'으로 검찰의 수사를 부정하고 있어요. 누가 '환상의 집'을 짓고 '사상누각'을 만들고 있는지 모르겠어요. 게다가 검찰의 수사가 그리 황당하다면 대통령이 검찰에 나가서 진실을 밝히면 될 터인데 수사가 황당해서 안 나가겠다는건 앞뒤가 맞지 않는 말이에요. 유 변호사는 평정심을 잃고 있다는 생각이 들어요. 평정심을 잃은 칼은 흔들리죠. 흔들리는 칼로는 상대방을 이기기 어렵죠. 평정심을 잃은 호위 무사. 의뢰인을 지키기는커녕 그 자신이 먼저 베일 것 같아요.

사진은 '검도(劍道)'라고 읽어요. '칼의 도'라는 뜻이에요. 간판을 보니 박근혜 대통령의 호위 무사를 자처하는 유영하 변호사가 떠올라 몇 마디 해 봤어요.

길에서 만난 한자어

□ 의뢰인	依賴人	남에게 어떤 일을 맡긴 사람
□ 일각	一刻	아주 짧은 동안
□ 평정심	平靜心	감정의 기복이 없이 평안하고 고요한 마음
□ 법리	法理	법률의 원리와 논리
□ 사상누각	沙上樓閣	기초가 약하여 실현 불가능한 일

刂(刀의 변형, 칼 도)와 僉(다 첨)의 합자. 양면에 날이 있는 칼이란 의미.

예 검객 (劍客) 검술에 능한 사람

검술 (劍術) 검을 쓰는 기술

칼 검

辶(걸을 착)과 首(머리 수)의 합자. 머리가 바라보는 방향을 향하여 걸어가다란 의미. 도로란 의미의 길이나 진리란 의미의 길이란 뜻은 본 의미에서 유추된 뜻.

예 도로 (道路) 사람이나 차가 다닐 수 있도록 만든 좀 넓은 길

도덕 (道德) 인간으로서 마땅히 지켜야 할 도리, 그에 맞는 행위

길 도

止(그칠지)와 戈(창 과)의 합자. 싸움[戈]을 그치게 하기 위해 하는 행위 그것이 곧 싸움이란 의미.

예 무림 (武林) 무사 또는 무협의 세계

무용 (武勇) 싸움에서 용맹스러움

굳셀 무

一(한 일)과 十(열 십)의 합자. 하나를 알려주면 미루어 열을 알 수 있는 사람, 즉 유능한 사람이란 의미. 병사란 뜻으로도 사용.

예 사관 (士官) 병사를 지휘하는 장교

사림 (士林) 유기의 도를 닦는 선비의 무리

선비 사

어찌
그럴 수 있나요

청계 광장으로 가다 보면 만나게 되는 언론사가 있어요. 이
언론사는 방송사도 갖고 있죠. 올해2017년 이 건물을 집회 참석 때문에 여러 번
봤네요. 그런데 볼 때마다 불편한 마음이 들더군요.

우선은 이 언론사 방송의 이미지가 칙칙해서 그래요. 이 언론사 방송을 보면
마치 7, 80년대 다방에서 틀어 주던 TV 방송을 보는 것 같은 느낌이 들거든요.
그리고 정론을 추구하기보다는 시류에 편승하는 방송이라서 그래요. 한때는
박근혜 대통령을 신줏단지 모시듯 하더니 이제는 하이에나처럼 물어뜯고 있거
든요. 방송하는 당사자들은 상황에 맞게 사실을 전달한다고 생각할런지 모르
지만, 제가 보기엔, 곡학아세처럼 보여요.

얼마 전 우연히 이 방송사에서 내보낸 허화평 씨 인터뷰를 본 적이 있어요.
허화평 씨에게 박근혜 대통령과 최태민과의 관계를 물어 보더군요. 허 씨는 5
공 초기 최태민과 박근혜의 관계를 알고 최태민을 불러다 이렇게 말했대요.

"너 나쁜 놈이지?"

그러자 최태민이 즉각 이렇게 대답했대요.

동아일보 사옥 간판. 이곳은 동아일보 신사옥이며 채널A의 뉴스 프로그램을 제작하는 곳이다. **동아일보** 서울시 종로구 서린동 159-1. 지하철 1호선 종각역에서 내려 찾으면 된다.

"네!"

허 씨는 이후 최태민을 박근혜와 떼어 놓고 처벌했다며 자랑스럽게 말하더군요. 인터뷰의 취지는 최태민이 박근혜 대통령에게 어떤 자였으며 본색이 어떠했는지를 보여 주려는 것 같았어요.

그런데 문제는 인터뷰이가 허화평 씨라는 점이었어요. 그가 누군가요? 광주 학살의 주범 중 한 명 아닌가요? 이런 인물을 주인공으로 삼아 인터뷰를 진행하다니, 도대체 상식이 있는 방송사인가 싶은 거죠. 광주 학살의 고통에 시달리는 사람들이 아직도 많은데 말이지요. 하여간 이런 방송 행태 때문에 이 언론사의 방송은 보기가 싫어요.

탄핵 이후 이 방송은 또 어떤 모양새를 취할지 모르겠어요. 국민의 뜻에 따라 새로 세워질 정권에 제발 불필요한 먼지 걸지 말고 건전한 비판 정신을 가지고 새 정권을 견제했으면 좋겠어요.

사진의 한자는 어떻게 읽는지 아시죠? 네, '동아일보(東亞日報)'예요.

동아일보, 하면 떠오르는 유명한 역사적 사건이 있죠. 손기정 선수 일장기 말소 사건. 그런데 이 사건의 뒷이야기를 아는 이들은 많지 않아요. 당시 동아일보사는 이 사건을 주도한 기자들을 파면시켰고, 이들을 끝까지 복직시키지 않았어요. 손기정 선수 일장기 말소 사건을 스스로 부정한 셈이죠. 그랬던 이들이 지금은 이 사건을 자신들의 항일 치적으로 자랑스럽게 내세우고 있어요. 이 언론사의 시류 편승 태도를 보여주는 대표적인 사례라고 볼 수 있어요.

📖 길에서 만난 한자어

☐ 정론	正論	바른 언론
☐ 곡학아세	曲學阿世	진실을 왜곡하여 세상 사람들에게 아첨함
☐ 학살	虐殺	사람을 참혹하게 마구 죽임
☐ 탄핵	彈劾	대통령 · 국무총리 · 국무위원 · 법관 등의 위법에 대하여 국회의 소추에 따라 헌법 재판소의 심판으로 해임하거나 처벌하는 일
☐ 견제	牽制	함부로 행동하지 못하도록 조치함
☐ 시류	時流	그 시대의 풍조나 경향

東 동녘 동

日(해 일)과 木(나무 목)의 합자. 동쪽이란 의미. 부상(扶桑)이라는 전설상의 나무에서 해가 뜨는 모습을 표현.

예 동국(東國)　　예전에 우리나라를 중국에 대하여 달리 이르던 말
　　동해(東海)　　동쪽의 바다

亞 버금 아

사면에 집이 배치된 사당을 그린 것. 사면에 배치된 집의 형태가 비슷하여 버금간다는 뜻으로 사용하게 됨.

예 아성(亞聖)　　유학에서, 공자 다음가는 현인 맹자를 이름
　　아류(亞流)　　문학·예술·학문에서 모방하는 일이나 그렇게 한 것. 또는 그런 사람

日 해 일

해의 둥근[□] 모양과 그 속에 살고 있다고 믿어온 다리가 셋인 금까마귀[一]를 그림.

예 일출(日出)　　해가 뜸
　　일취월장(日就月將)　　나날이 다달이 진보함

報 알릴 보

왼쪽 부분의 글자는 죄인이란 의미를, 오른쪽 부분의 글자는 다스린다는 의미를 나타냄. 죄인의 죄를 다스린다는 의미. 알리다란 뜻은 본 의미에서 유추된 뜻.

예 신보(新報)　　새로운 소식
　　보상(報償)　　어떤 것에 대한 대가로 갚음

백성들의 입을
막으시겠다고

"여보, 여기 당신 좋아하는 거!"

토요일 오후 광화문 광장. 촛불 집회 참석 전 여러 설치물을 구경하고 있는데, 앞서 걷던 아내가 소리쳤어요. 오뉴월 소불알처럼 대답했지요.

"내가 좋아하는 거?"

그러자 아내가 번갯불에 콩 볶듯 말했어요.

"와 봐!"

사진은 광화문 광장 바닥에 설치한 대자보예요. 한자가 씌어 있는 것을 보고 아내가 반색했던 거예요.

防民口甚防海 방민구심방해

백성들의 입을 막는 것은 바다를 막는 것보다 어렵다.

원문은 '防民之口 甚于防川방민지구 심우방천'인데 전달 의미를 강조하기 위해 천(川)을 해(海)로 바꾸고 조사 지(之)도 빼면서 압축해 표현했어요.

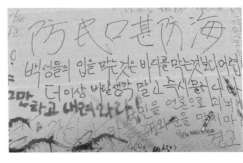

2017년 박근혜 대통령 탄핵 정국 때 서울 광화문 광장 바닥에 놓였던 대자보. 광화문 광장은 2009년 8월 1일부터 일반 시민에게 개방되었다. **광화문광장** 서울시 종로구 세종로 1-68. 지하철 5호선 광화문역에서 내려 8번 출구로 나오면 된다.

주나라 여왕(厲王)은 국정을 비방하는 자가 있으면 적발하여 가차 없이 죽였어요. 백성들은 공포에 떨며 입을 닫았죠. 여왕은 중신 소공에게 자랑스럽게 말했어요.

"어떻소? 내 정치하는 솜씨가. 나를 비방하는 자가 한 사람도 없지 않소."

소공은 우려스러운 목소리로 말했어요.

"백성의 입을 막는 것은 둑으로 시내를 막는 것보다 더 어렵습니다. 흐르는 시내를 억지로 막으면 언젠가는 둑이 무너지고 이로 인해 많은 인명이 희생될 것입니다. 백성의 입을 막는 것도 같은 이치입니다. 백성을 다스리는 이는 백성들이 마음 놓고 말할 수 있게 해야 합니다."

'방민지구 심우방천'의 유래예요. 주 여왕은 어떻게 됐을까요? 소공의 우려대로 분노한 백성들에게 쫓겨 수도를 떠나야 했어요. 이후 주나라에서는 왕의 자리가 비어 14년 동안 신하들이 협의하여 국정을 운영하는 공화정이 이뤄져요. 주나라 역사상 초유의 사태였죠.

최근2017년 2월 박 대통령이 구차한 자기변명을 하고 있죠. 게다가 수구 매체들과 친박 단체들이 왜곡 보도를 해가며 대통령의 구차한 변명에 힘을 실어 주고 있고요. 이런 일들은 정론을 입막음하려는 행위라고 할 거예요. 저 여왕의 행위와 다를 바 없는 행위이죠. 정론의 둑이 터지는 날 ─탄핵 결정과 사법 처리─ 저 구차한 변명과 왜곡 보도는 만인의 지탄을 받으며 가뭇없이 사라질 거예요.

'군주민수(君舟民水)'란 성어가 있어요. 군주는 배이고 백성은 물이란 뜻이죠. 물은 배를 띄우기도 하지만 배를 뒤집어엎기도 하죠. 배인 군주가 정치를 그릇되게 하여 물인 민심이 크게 동요하면 정권이 무너질 수 있다는 의미로 사용해요. 혹은 정치의 실제 주체는 백성이고 권력자는 대행자일 뿐이라는 주권재민의 의미로도 사용하죠. '방민지구 심우방천'과 함께 지금의 상황을 잘 말해주는 성어라는 생각이 들어요.

길에서 만난 한자어

☐ 대자보	大字報	대형의 벽신문이나 벽보
☐ 비방	誹謗	남을 헐뜯어 말함
☐ 적발	摘發	숨겨진 일이나 물건을 들추어 냄
☐ 우려	憂慮	근심하거나 걱정함
☐ 초유	初有	처음으로 있음
☐ 지탄	指彈	잘못을 지적하여 비난함

막을 방

阝(阜의 변형, 언덕 부)와 方(배나란히세울 방)의 합자. 나란히 세운 배처럼 수면과 대등한 높이로 쌓아 올린 둑이란 의미. 阝는 뜻을, 方은 뜻과 음을 담당. 막다는 뜻은 본 의미에서 유추된 뜻.

예 제방 (堤防)　　　둑
　　방어 (防禦)　　　상대편의 공격을 막음

백성 민

초목의 싹이 무더기로 올라오는 모습을 그린 것. 백성은 본 의미에서 유추된 뜻.

예 민심 (民心)　　　백성의 마음
　　민초 (民草)　　　'백성'을 질긴 생명력을 가진 잡초에 비유한 말

심할 심

甘(달 감)과 匹(짝 필)의 합자. 자신의 배우자를 좋아한다는 의미. 심하다는 뜻은 본 의미에서 유추된 뜻.

예 심대 (甚大)　　　매우 큼
　　심심 (甚深)　　　매우 깊음

바다 해

氵(水의 약자, 물 수)와 每(풀우거질 매)의 합자. 풀이 우거진 곳처럼 온갖 물이 다 모여 있는 곳이란 의미. 氵는 뜻을, 每는 뜻과 음을 담당.

예 해저 (海底)　　　바다의 밑바닥
　　심해 (深海)　　　깊은 바다

"선생님, 만일 누군가 백성들에게 널리 은덕을 베풀고 뭇 백성들의 곤고함을 해결해 준다면 그를 인의 경지에 이르렀다고 평가할 만 하는 지요?"

"자공아, 그런 경지는 인이 아니라 성의 경지라 해야 할 것이다. 그러한 일은 요순도 달성하지 못한 일이란다."

이틀 있으면 대선 투표일2017년 5월 9일이군요. 대선 후보들이 저마다 자신을 뽑아 달라며 갖가지 공약을 내걸고 있는데, 그 공약들을 총괄하면 위 사진에 나와 있는 글귀로 표현할 수 있을 것 같아요. '박시제중(博施濟衆)'.

『논어』「옹야」장에 나오는 공자와 자공의 대화 내용을 압축한 표현으로, '널리 은덕을 베풀고 뭇 백성들을 구제한다'란 뜻이에요. 한의원에 가면 많이 보게 되는 액자로, 보통은 인술의 의미로 사용하지만, 원래는 정치적 의미예요.

충남 홍성에 있는 지산한의원에 걸려 있는 액자. **지산한의원** 충남 홍성군 금마면 가산리 475-3

　비록 왕조 시대는 아니지만 여전히 대통령은 우리 삶의 명운을 좌우하는 막강한 권한을 소유하고 있죠. 그런 대통령이 만일 박시제중보다 협시제소에 착안하여 정치한다면 많은 이들이 삶의 질곡에 시달릴 거예요. 박근혜 대통령은 바로 협시제소에 착안한 정치를 하여 많은 이들을 힘들게 했던 것 아닐까요? 새로 뽑히는 대통령은 반드시 박시제중의 가치를 마음에 새기고 정치에 임해야 할 거예요.

　박시제중을 하려면 카리스마 리더십보다는 화의의 리더십이 더 적합할 것 같아요. 상대의 의견을 경청할 줄 알며 합의를 중시하면서도 합의된 의견에 대해서는 뚝심으로 추진할 줄 아는 그런 리더십 말예요. 이번 대선 후보 중에는 누가 이런 리더십을 가졌을까요?

　사진의 '박시제중' 액자를 걸어 놓은 한의원 원장님은 '협시제소'의 진료를 하는 분이에요. 자신이 치료하기 어렵다고 판단되면 처음부터 환자를 받지 않거든요. 명의라는 소문을 듣고 찾아왔다 낙담하여 돌아가는 이들을 자주 봤어요. 대신 자신이 받아들인 환자들은 끝까지 책임져요. 그래서 그런지 이분에게 약을 받아가는 이들은 '내 병은 나을 수 있다'라는 확신이 있어요. 이 분의 '협시제소' 진료가 옳은 것인지는 잘 모르겠어요. 다만 분명한 것은 자신의 역량 범위

내에서 진료에 최선을 다하며, 돈을 탐하여 무분별하게 진료를 하지는 않는다
는 점이에요.

길에서 만난 한자어

☐ 인술	仁術	사람을 살리는 어진 기술. 의술의 별칭
☐ 명운	命運	운명
☐ 협시제소	狹施濟少	좁게 베풀고 적은 수만 구제함
☐ 화의	和議	화합과 논의
☐ 낙담	落膽	일이 뜻대로 되지 않아 마음이 몹시 상함

十(열 십)과 尃(펼 부)의 합자. 널리[十] 두루두루[尃] 안다는 의미.

예 박사(博士)　　어떤 일에 능통하거나 널리 아는 것이 많은 사람

박람강기(博覽強記)　책을 널리 많이 읽고 기억을 잘함

넓을 박

㫃(旗의 약자, 깃발펄럭이는모양 이)와 也(匜의 약자, 주전자 이)의 합자. 물을 제공하는 주전자처럼 타인에게 널리[㫃] 도움을 베푼다는 의미. 㫃는 뜻을, 也는 뜻과 음(이→시)을 담당.

예 시은(施恩)　　은혜를 베풂

보시(普施)　　자비심으로 불법이나 재물을 베풂

베풀 시

乑(나란히 설 음)과 目(눈 목)의 합자. 바라보고 있는 이들이 많다는 의미.

예 대중(大衆)　　수많은 사람의 무리

군중(群衆)　　한곳에 모인 많은 사람의 무리

무리 중

술을 이용해 병든 이를 치료하는 사람이란 의미. 酉[酒의 옛글자, 술 주는 뜻을, 나머지 부분은 음(예→의)을 담당.

예 의술(醫術)　　병을 고치는 기술

의원(醫院)　　진료 시설을 갖추고 의료 행위를 하는 곳

의원 의

기왕이면
이 술을

문재인 후보 제19대 대통령 당선!

오늘 2017년 5월 9일 문재인 대통령 당선자는 축배를 들겠군요. 떨어진 다른 후보자들은 석배를 들겠고요. 무슨 술들을 마실까요? 모두 사진의 술을 마셨으면 좋겠어요.

복분자 '주(酒)'.

마시면 요강을 뒤집을 정도로 강한 오줌발을 발산한다는 이 술을 마시고 당선된 이는 정력적으로 국정을 수행하고 떨어진 이는 기운 내서 차후의 일들을 모색하라는 뜻으로요.

중국에서 정치 지도자와 술의 관계를 언급한 최초의 내용은 하나라 우임금과 관계된 내용이에요. 우임금 당시 의적이라는 신하가 술을 만들어 바쳤는데, 우임금은 술맛을 본 뒤 이렇게 말했어요.

복분자주(酒)는 복분자를 발효시켜 만든 과실주이다. 복분자란 요강을 뒤엎을 정도로 오줌발(정력)을 세게 해주는 열매란 의미이다. 전북 고창군이 주 생산지이다.

"맛이 참으로 좋구나. 그러나 이로 인해 후일 나라를 망치는 자가 있겠도다."

이후 우임금은 의적을 멀리했어요. 『전국책』에 나오는 내용이에요. 우임금의 예언처럼 실제 많은 정치 지도자들이 술로 인해 나라를 망쳤죠. 우리 현대사만 해도 박정희 대통령이 술좌석에서 돌아간 것을 보면 알 수 있죠. 물론 이 경우 술이 직접적으로 나라를 망쳤다고 보기는 어려울 수 있어요. 하지만 그가 유신 정권 후반기 술에 많이 의지했던 점을 생각하면 술이 그의 그릇된 국정 운영에 적지 않은 영향을 끼쳤다고 말할 수 있을 거예요.

최초로 술과 정치와의 관계를 보여 줬던 우임금에 관한 내용은 『맹자』에도 나와요.

"우임금은 맛있는 술을 싫어하고 선한 말을 좋아했다."

앞서 인용한 "맛이…"의 변주곡 같은 이 말은 정치 지도자가 감각적 쾌락(술)에 탐닉하면 정치를 그르치고 이성적 판단(선한 말을 좋아함)을 중시하면 정치를 잘할 수 있다는 의미로 해석할 수 있어요. 이번에 탄핵당한 박근혜 대통령을 보면 피부 미용 시술이니 기 치료니 하여 일종의 감각적 쾌락에 탐닉하여 정치를 그르쳤다고도 볼 수 있잖아요? 물론 그게 전부는 아니지만요.

문재인 대통령 당선자가 감각적 쾌락에 탐닉할 일은 없을 것 같아요. 적어도 가장 가까이 그를 보좌할 동지 같은 부인이 있고, 삶 자체가 감각적 쾌락과는 먼 길을 걸어온 사람이니까요. 부디 그가, 대선 후보 시절 언급한 대로, 적폐를 청산하고 나라다운 나라를 만드는 좋은 대통령이 되었으면 좋겠어요. 우리도 새 대통령 당선을 축하하는 축배를 들어 볼까요? 복분자주로요~

길에서 만난 한자어

□ 석배	惜杯	아쉬운 마음으로 드는 술
□ 모색	摸索	방법이나 실마리를 더듬어 찾음
□ 탐닉	耽溺	어떤 일을 몹시 즐겨서 거기에 빠짐
□ 보좌	補佐	도와서 일을 처리함
□ 적폐	積弊	오랫동안 쌓여 뿌리박힌 폐단

西(덮을 아)와 復(되풀이할 복)의 합자. 엎었다 잦혔다 한다는 의
미. 西는 뜻을, 復은 뜻과 음을 담당.

예 전복(顚覆)　　뒤집혀 엎어짐
　　번복(飜覆)　　이리저리 뒤쳐서 고침

엎을 복

皿(그릇 명)과 分(나눌 분)의 합자. 몸이 둥글고 아가리가 넓은
질그릇이란 의미. 皿은 뜻을, 分은 음을 담당.

예 화분(花盆)　　화초를 심고 가꾸는 그릇
　　분재 (盆栽)　　화분에 심어서 보기 좋게 가꾼 화초나 나무

동이 분

포대기에 싸여 두 팔을 흔들고 있는 아이의 모습을 본뜸. 열매 혹
은 씨앗이란 의미는 본 의미에서 유추된 뜻.

예 장자(長子)　　　맏아들
　　결명자(決明子)　결명차의 씨

아들 자

氵(水의 변형, 물 수)와 酉(열째지지 유, 음력 8월의 의미)의 합자. 음
력 8월에 추수한 곡식과 물을 혼합하여 발효시킨 음식이 술이란 의
미. 술병[酉]에서 술[氵]이 흘러나오는 모양을 그린 것으로도 봄.

예 주점(酒店)　　술집
　　주연(酒宴)　　술잔치

술 주

사색의 길에서 만난 한자

교훈을 생각한다

"집에 가훈이 있는지요?"

모르긴 해도 대부분 없지 않을까 싶어요. 그러나 유형의 가훈은 없어도 무형의 가훈은 분명히 있을 거예요. 자식에게 은연 중 강조하는 사항이나 부모가 자식에게 보여 주는 행동들이 그것이죠. 그러고 보면 가훈 없는 집은 하나도 없는 셈이에요.

"다니는(다녔던) 학교에 교훈이 있는지요(있었는지요)?"

교훈 없는 학교는 하나도 없을 거예요. 그러나 그 교훈이 무엇인지 아는 학생은 별로 없을 것 같아요. 대부분 형식적으로 제시되어 있을 뿐이니까요. 이런 점에서 보면 학교엔 교훈이 없다고 해도 무방할 거예요.

그러나 가정에 무형의 가훈이 있는 것처럼, 학교 역시 무형의 교훈이 있을 거예요. 학생들에게 은연중 강조하는 사항이나 교사가 학생들에게 보여 주는 행동들이 그것이겠죠.

충남 태안읍에 있는 한 고등학교에서 찍은 교훈석. 태안은 여름철 관광지로 유명한 곳으로 해수욕장의 대명사 격인 만리포 해수욕장이 있다. **태안** 서해안고속도로 해미 IC나 서산 IC로 나오면 된다.

가훈이든 교훈이든 명시적인 내용보다 잠재적인 내용이 더 중요하죠. 무의식에 잠재되어 평생을 가기 때문이지요. 이런 점에서 실제의 삶과 괴리된 단순한 수사의 성찬에 불과한 가훈이나 교훈은 무의미하다고 해도 무방해요. 이런 경우 차라리 없는 것이 나을 것 같아요. 위선을 가르칠 수 있기 때문이죠.

사진은 태안에 있는 한 고등학교의 교훈석이에요. '자율(自律) 근면(勤勉) 건강(健康)'이라고 읽어요. 자율과 근면은 교훈에 많이 사용되는 말이지만 건강은 좀 낯설어 보여요. 그리고 왠지 세 개의 내용이 중복되는 느낌이에요. '자율' 하나에 나머지 두 개가 포섭되지 않나 싶거든요. 그래도 교훈으로서의 함량은 그리 미달되지 않는 것 같아요. 무애무덕한 내용이니까요.

그런데 문제는 이 교훈이 해당 학교의 학생들에게 얼마나 내면화되고 있느냐 하는 거예요. 아마도 십중팔구 그저 형식적 내용에 지나지 않을 거예요. 입

187

시 지상의 우리나라 고교 교육에서 누가 이런 교훈을 내면화시키겠어요. 이 학교도 예외는 아니겠지요. 실제 교훈은, 우리나라 대부분의 고등학교가 그렇듯이, '경쟁과 좌절'일 거예요. 너무 지나친 말일까요?

지금까지 본 교훈 중에서 가장 인상에 남는 교훈은 홍성에 있는 풀무고등농업기술학교의 '위대한 평민'이었어요. 학교가 지향하는 가치관을 선명하게 표현해 학교의 실질적인 구심점 역할을 하더군요. 굳이 교훈이 필요하다면, 풀무고등농업기술학교의 예를 참고할 필요가 있을 것 같아요.

길에서 만난 한자어

□ 은연중	隱然中	남이 모르는 가운데
□ 수사	修辭	말이나 글을 다듬고 꾸밈
□ 성찬	盛饌	풍성하게 잘 차린 것
□ 교훈석	校訓石	학교의 교육 이념을 새긴 돌
□ 무애무덕	無碍無德	좋을 것도 나쁠 것도 없음

勤
부지런할 근

董(진흙 근)과 力(힘 력)의 합자. 내성이 강한 진흙처럼 힘든 상황에 꺾이지 않고 힘써 노력한다는 의미. 力은 뜻을, 董은 뜻과 음을 담당.

예 근실(勤實) 부지런하고 착실함
근로(勤勞) 부지런히 일함

勉
힘쓸 면

免(면할 면)과 力(힘 력)의 합자. 어려운 상황을 벗어나기 위해 애쓴다는 의미. 力은 뜻을, 免은 뜻과 음을 담당.

예 면학(勉學) 학문에 힘씀
면려(勉勵) 남을 격려해서 힘쓰게 함

健
튼튼할 건

建(세울 건)과 亻(사람 인)의 합자. 심신을 바로 세운 지덕체가 겸비된 사람이란 의미. 亻은 뜻을, 建은 뜻과 음을 담당.

예 건실(健實) 건전하고 착실함
건아(健兒) 건강하고 씩씩한 사나이

康
편안할 강

米(쌀 미)와 庚(단단할 경)의 합자. 쌀알이 단단한 껍질로 싸여있어 잘 보존되고 있다란 의미. 편안하다는 뜻은 본 의미에서 유추된 뜻.

예 강녕(康寧) 몸이 건강하고 마음이 편안함
평강(平康) 평안

조국의 미래, 청년의 책임?

"왜 살아왔니?"

영화 〈황산벌〉을 보면 김유신과 함께 출전한 김품일이 아들 관창에게 죽음을 강요하는 장면이 나와요. 백제군에 사로잡혔다 풀려난 관창을 비겁한 자로 몰아세우는 것이지요. 그러나 속셈은 다른 데 있어요. 그가 죽어야 병사들의 사기를 올려 백제군을 칠 수 있기에 죽음을 강요하는 거예요. 이는 김유신의 전략이었어요. 계백은 김유신의 전략에 말려들지 않으려 애를 쓰지요. 하여 다시 붙잡힌 관창을 어떻게든 살려 보내려 해요. 하지만 죽기를 처절히 원하는 관창의 결기에 휘말려 결국 그를 죽여서 보내죠. 김유신의 전략에 지고 만 것이죠. 비록 영화 속 설정이지만, 실제도 다르지 않았을 거라고 생각해요.

청년은 순수해요. 그러나 순수한 만큼 무모하며, 노회한 이들은 그 무모함을 이용하죠. 지금도 국지전 혹은 테러에서 많은 경우 청년들이 소모품으로 사

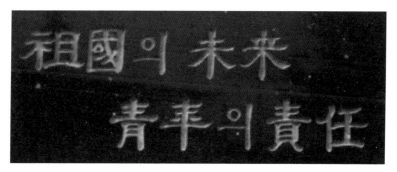

목포 유달산에서 찍은 문구. 조국의 미래 청년의 책임. 유달산은 호남의 개골산(금강산의 별칭)으로 불리며, 다도해를 한눈에 볼 수 있는 곳이다. **유달산** 전남 목포시 죽교동 산 27-1

용되는 것은 그들의 자발적인 지원이라기보다는 그들의 순수함을 이용한 노회한 이들의 교묘한 술수 때문이에요. 저는 이런 점에서 청년에게 애국심을 강요하거나 그럴듯한 명분으로 희생을 요구하는 것을 몹시 증오해요.

청년수당 지급을 놓고 설전을 벌이는 우리의 현실은 너무도 답답해요. 당연히 지급해야 할 돈을 놓고 왜 논쟁하는지 모르겠어요. 먹고 살길을 찾을 동안 그가 생계에 연연하지 말라고 지원해 주는 것은 너무도 당연한 것 아닌가요? 제 자식이 일자리를 찾지 못해 굶어 죽을 판인데 어느 부모가 가만히 있을 수 있단 말이에요. 모든 기성세대는 부모이고, 청년은 자식 아니던가요? 우리는 아직도 청년들에게 저 옛날 관창에게 강요했던 희생을 여전히 요구하고 있는 것은 아닌지 모르겠어요.

사진은 '조국(祖國)의 미래(未来) 청년(青年)의 책임(責任)'이라고 읽어요. 가만히 내용을 들여다보면 앞서 말한 노회한 이들의 술수가 묻어나는 문구예요. 이 문구는 이렇게 바꾸는 것이 좋을 것 같아요.

'조국의 미래, 청년!'

지금 우리 사회는 조국의 미래인 청년을 위해서 과연 무엇을 해 주고 있을까요? 저는 청년을 위해 정부에 한 가지 제안을 하고 싶어요. 청년들에게 우리나라의 모든 미술관과 박물관을 무료로 관람할 수 있는 특권을 주라고. 모든 것이 기계화·자동화되어 가는 세상에 우리가 간직하고 길러야 할 것은 인간에 대한 깊은 휴머니즘과 예술 향유 능력이라고 생각하기 때문이에요. 아마도 이런 특권을 청년 세대에게 준다면 우리의 미래는 지금보다 훨씬 더 나은 모습으로 바뀌지 않을까요?

길에서 만난 한자어

□ 무모	無謀	신중하지 못함
□ 노회	老獪	경험이 많고 교활함
□ 술수	術數	어떤 목적을 달성하기 위해 일을 꾸미는 교묘한 생각이나 방법
□ 설전	舌戰	말다툼
□ 향유	享有	누려서 가짐

示(神의 약자, 귀신 신)과 且(버금 차)의 합자. 시조신을 모신 사당이란 의미. 示은 뜻을, 且는 음(차→조)을 담당. 조상이란 뜻은 본 의미에서 유추된 뜻.

예 조상(祖上)　　돌아간 어버이 위로 대대의 어른
　　시조(始祖)　　한겨레의 맨 처음이 되는 조상

조상 조

生(날 생)과 井(우물 정)의 합자. 초목의 싹이 처음 돋아날 때의 색깔이란 의미. 生은 뜻을, 井은 음(정→청)을 담당.

예 청춘(靑春)　　　스무 살 안팎의 젊은 나이 또는 그런 시절
　　청사진(靑寫眞)　미래의 일이나 사업에 대한 희망적인 계획이나
　　　　　　　　　　구상

푸를 청

貝(조개 패, 재화의 의미)와 朿(刺의 약자, 찌를 자)의 합자. 빌려 간 돈을 갚으라고 상대를 압박한다는 의미.

예 책무(責務)　　직무에 따른 책임이나 임무
　　자책(自責)　　스스로 뉘우치고 자신을 나무람

꾸짖을 책

亻(사람 인)과 壬(맡을 임)의 합자. 일을 맡다란 의미. 본래 壬 하나로 표현하다가 후에 일을 맡는 주체가 사람이란 의미로 亻을 추가함.

예 임무(任務)　　맡은 일
　　부임(赴任)　　임명이나 발령을 받아 근무할 곳으로 감

맡을 임

서울대
25 강의실

　　대학가 주변에는 학생들이 즐겨 찾는 술집이나 찻집이 있
죠. 제가 대학 다닐 때 즐겨 찾던 'ㅇㅇ집'은 반지하의 술집으로, 막걸리와 소주
를 주로 팔던 곳이었어요. 작년에 우연히 모교 근처를 갔다가 혹 'ㅇㅇ집'이 아
직도 있나 살펴봤더니 없어졌더군요.

　　사진은 '학림 (學林)'이라고 읽어요. 사진에 나온 것처럼 다방 이름이에요.
학림은 '배움의 숲, 학문의 숲, 학생들, 학교 근처의 숲' 등 여러 의미로 풀
이할 수 있어요. 옛 서울대가 있었던 동숭동 대학로에 있는 다방이에요. 클래식
다방으로, 한때 '서울대 25 강의실'로 불리며 많은 학생이 찾았던 곳이에요. 옛
서울 문리대의 축제 이름인 '학림제'는 이 다방 이름에서 따왔어요.

　　이곳은 우리 문화계의 중추 역할을 했던 많은 분이 다녀갔어요. 김지하, 김
승옥, 전혜린, 박태순, 이덕희, 김민기, 백기완…. 지금 주인은 30년 째 이곳을
지키고 있는데, 학림다방의 변질이 안타까워 30년 전에 이곳을 인수했다고 해
요. 한때 학원 소요의 중심지로 치부되기도 했지만학림 사건, 지금은 그저 옛 정

서울 대학로에 있는 학림다방. 클래식 다방으로 한 때 서울대 25 강의실로 불리며 학생들이 많이 찾던 곳이다. **학림다방** 서울시 종로구 명륜 4가 94-2. 지하철 4호선 혜화역에서 내리면 된다.

취를 간직한 맛있는 커피(비엔나 커피) 가게일 뿐이죠. 아, 아니네요. 지금도 여전히 대학로에서 중요한 역할을 담당하고 있어요. 문화단체들의 기교로요. 서울시는 이곳을 미래 문화유산으로 지정했어요.

ㅇㅇ집과 학림다방. 둘 다 대학가 추억의 장소인데 한 곳은 흔적 없이 사라졌고, 한 곳은 누군가 자발적으로 고집스럽게 지키고 있어요. 왜 이런 차이가 생

긴 걸까요? 돈과 문화의 차이 아닐까 싶어요. ○○집은 문화에 대한 인식없이 그저 주류를 팔았기에 변하는 세월에 가뭇없이 사라진 것이고, 학림다방은 문화에 대한 인식이 있었기에 변하는 세월에 지지 않고 꿋꿋이 제자리를 지킨 것 아닐까 싶은 거죠(학림다방 주인은 "이윤이 별반 남지 않는다"고 고백하고 있어요). 이곳에서 마시는 커피는 단순한 커피가 아니고 문화 그 자체라고 할 수 있을 거예요.

길에서 만난 한자어

☐ 중추	中樞	사물의 중심이 되는 중요한 부분이나 자리
☐ 소요	騷擾	여러 사람이 떠들썩하게 들고일어남
☐ 치부	置簿	그렇다고 보거나 여김
☐ 정취	情趣	깊은 정서를 자아내는 흥취
☐ 가교	架橋	서로 떨어져 있는 것을 이어 주는 역할

배울 학

본래 斅으로 표기. 斅은 敎(가르칠 교)와 冖(덮을 멱)과 臼(두손 국)의 합자. 가르침을 받아 몽매한 상황을 벗어난다는 의미. 敎와 冖은 뜻을, 臼은 음(국→학)을 담당.

예	학문(學問)	어떤 분야를 체계적으로 배워 익힘. 또는 그런 지식
	학자(學者)	학문을 연구하는 사람

수풀 림

木(나무 목)과 木의 합자. 나무가 무성하게 있다는 의미.

예	임업(林業)	각종 임산물에서 얻는 경제적 이득을 위해 삼림을 경영하는 사업
	삼림(森林)	나무가 많이 우거진 수풀

차 다

艹(풀 초)와 余(나 여)의 합자. 쌉싸름한 풀 혹은 그 풀로 우려낸 음료란 의미. 艹는 뜻을, 余는 음(여→다)을 담당.

예	다방(茶房)	찻집
	다도(茶道)	차를 마시는 예법

방 방

戶(집 호)와 方(모 방)의 합자. 부속 건물이란 의미. 戶는 뜻을, 方은 음을 담당. 방이란 의미는 본 의미에서 유추된 뜻.

예	감방(監房)	죄수를 가두어 두는 방
	주방(廚房)	음식을 만들거나 차리는 방

바다와 레몬

"나무는 사람과 같아요."

　팔레스타인에 사는 살마는 레몬 농장을 운영하는 과부예요. 아버지에게서 물려받은 레몬 농장은 살마의 삶 그 자체예요. 생계 유지는 물론 홀로 살아가는 그녀에게 레몬 나무는 부모이자 남편이고 자식이며 벗이기 때문이죠. 이런 살마의 레몬 농장에 이스라엘 국방장관이 이웃으로 오면서 문제가 발생해요. 살마의 레몬 농장이 국방장관 집과 경계 지점에 있기 때문에, 보안상의 이유로, 이스라엘 정보부에서 농장의 나무를 베어 버리려 했기 때문이죠. 보상금을 준다고는 하지만 살마에게 레몬 나무는 단순한 나무가 아니기 때문에 이를 수용할 수 없어요. 살마는 여러 어려움을 무릅쓰고 변호사를 찾아 레몬 나무를 지키기 위해 법정 투쟁을 시작해요.

　〈레몬 트리〉란 영화 내용 일부예요. 사진 속 한자를 보노라니 문득 이 영화가 생각나더군요. 위 한자는 '해(海)'라고 읽고, 아래 한자는 '영(柠)'이라고 읽어요. 해는 '바다'란 뜻이고, 영은 '레몬'이란 뜻이에요. 레몬을 한자어로 '영몽(檬

檸)'이라고 쓰는데 '영(檸)' 하나로
사용하기도 해요. 檸(영)은 번 체
자이고, 柠(영)은 간체 자예요. 두
한자를 접하니 사해와 레몬이 생
각나고, 생각은 자연스럽게 팔레
스타인과 이스라엘의 갈등을 그
린 〈레몬 트리〉란 영화로 확장되
더군요. 〈레몬 트리〉는 여러 시
각으로 볼 수 있는 영화인데, 저는
팔레스타인과 이스라엘의 갈등을
레몬 나무 소송으로 빗대어 그린
영화로 봤어요.

사진은 프랑스에 가 있는 딸아이가 찍어 보낸 치
약 갑. 왼쪽의 영문은 회사명이고, 오른쪽의 영문
은 천연 추출물이란 의미. 아시아 마트에서 샀다
고 하는데, 아시아인들을 겨냥해 한자 표기를 추
가한 것 같다.

1948년 뜬금없이 이스라엘이란 나라가 팔레스타인에 세워지면서 중동의 갈
등은 시작됐죠. 물론 여기에는 오스만 제국으로부터 팔레스타인을 탈취했던
영국의 지지와 유대인들의 시온주의 그리고 1940년대 초 히틀러의 탄압을 피
해 대량 이주한 유대인들의 정착이 큰 배경으로 작용했죠. 결정적인 것은 국제
연합의 팔레스타인 분리 결정이었고, 여기에는 미국의 강력한 입김이 작용했
어요. 영국이나 미국이 이스라엘 건국의 후견인 노릇을 한 것은 이들 나라가 2
차 대전시 유대인들에게 경제적으로 큰 지원을 받았기 때문이에요.

오랜 세월 동안 살아온 자신의 터전을 졸지에 빼앗긴 팔레스타인의 아랍인
들은 당연히 이스라엘에 적대감을 가질 수밖에 없죠. 그러나 이스라엘을 제거
하기 위해 벌인 중동전쟁에서 아랍 국가들은 패전했고, 이스라엘은 외려 영토

를 더 확장하여 현재에 이르고 있어요. 이제 아랍인 특히 팔레스타인에 거주하는 아랍인들은 이스라엘을 현실적으로 인정하고 그들과 공존을 모색하고 있어요. 분할된 팔레스타인 지역에 그들의 국가를 정식으로 수립한 것도 이런 노력의 일환이라고 볼 수 있죠. 문제는 이스라엘의 태도예요. 경계 지역에 분리 장벽을 세우고 철저히 팔레스타인 지역의 아랍 인들과 소통하지 않으려 하기 때문이죠. 국제연합이 결정한 이스라엘 점령 지역가자 지구, 웨스트뱅크, 골란고원의 반환도 50년째 거부하며 모르쇠로 일관하고 있어요.

평화롭던 살마의 레몬농장에 이스라엘 국방 장관이 이사오고 갈등이 생기는 상황은 팔레스타인에 이스라엘이 건국되면서 갈등이 발생한 상황과 흡사해요. 살마가 법정 투쟁을 벌이는 것은 중동의 아랍 국가들이 이스라엘과 벌인 중동 전쟁과 흡사하고요. 살마는 법정 투쟁을 통해 이런 판결을 받아요.

"경계 지역에 장벽을 세우고 레몬 농장의 나무도 일부 벨 것!"

이는 이스라엘과 공존하려는 팔레스타인 인들의 바람을 저버리고 700km에 달하는 장벽을 세우며 적대 관계를 지속하려는 이스라엘의 현 모습과 흡사해요.

바다는 수용의 미덕을 상징하고, 레몬은 변화와 개혁의 미덕을 상징하죠. 팔레스타인과 이스라엘의 관계는 이 두 덕목이 절대적으로 필요한 관계인 것 같아요. 물론 이 덕목이 이스라엘에 더 필요함은 두말할 나위가 없겠죠.

글에서 만난 한자어

☐ 번체자	繁體字	전통적으로 써오던 방식 그대로 쓰는 한자
☐ 간체자	簡體字	획수를 줄여 간단하게 표기할 수 있도록 고친 한자
☐ 일환	一環	밀접한 관계가 있는 것 가운데 일부분

木(나무 목)과 宁(寧의 간체자, 편안할 녕)의 합자. 레몬이란 의미. 木은 뜻을, 宁은 음을 담당.

예 영몽(樗檬)　　레몬

영몽 영

止(그칠지)는 음(지→치)을 담당하며 나머지는 입과 입안의 이빨을 표현한 것임.

예 의치(義齒)　　만들어 박은 가짜 이

　　치과(齒科)　　치과 의사가 의료를 행하는 병원이나 의원

이빨 치

++(풀 초)와 樂(즐거울 락)의 합자. 병을 치료하여 환자의 기분을 좋게 만드는 풀이란 의미. ++는 뜻을, 樂을 뜻과 음(락→약)을 담당.

예 약국(藥局)　　약을 조제하거나 파는 곳

　　약사(藥師)　　약을 조제하거나 의약품을 파는 사람

약 약

匚(상자 방)과 甲(첫째천간 갑)의 합자. 물건을 보관하는 상자란 의미. 匚은 뜻을, 甲은 음을 담당.

예 장갑(掌匣)　　손을 보호할 용도로 손에 끼는 물건

　　지갑(紙匣)　　돈이나 영수증 등을 보관하는 작은 물건

갑 갑

살고 싶다면
없애라

　"3월 11일은 경주 지진 재해와 고리 원자력 발전소 사고
가 난 지 6년째 되는 날이다. 경찰청과 국토안전부 발표에 따르면 아직도 12만
3168명이 전국 각지에 피난 중이다. 경주·고리·월성 세 지역의 임시주택 거
주자만도 여전히 3만 3854명이다. 3·11 재해 이후 병사와 돌연사, 자살 등 관
련 사망자는 지난해 전국적으로 116명이 증가해 모두 3523명이다. 7만 9226
명이 피난 중인 울산시는 재해 관련 사망자(2086명)가 3·11 당시 사망자 수
(1613명)를 넘어섰다."

　동일본 지진 재해와 후쿠시마 제1핵발전소 사고 이후 내용을 전한 시사IN
497호 내용을 각색해 보았어요. 상상하고 싶지 않지만, 만일 우리에게 원자력
발전소 사고가 난다면 이와 다를 바 없을 것 같아서 말이에요. 경주에서 지진이
발생한 이후 원자력 발전소 사고가 결코 남의 나라 일이 아닐 수 있다는 경각
심이 일고 있지만, 여전히 '설마'하는 의식이 강한 것 같아요. 영화 〈판도라〉의
후폭풍도 거센 듯했지만 그것도 그때뿐이었지 지금은 아득한 옛이야기같이 애

기하는 사람이 많잖아요?

사진은 오누마라는 일
본인이 후쿠시마 원전 사
고가 난 곳에 있었던 간판
앞에서 원전을 반대하는
피켓 시위를 하는 장면이
에요. 간판에는 원래 '원
자력, 밝은 미래의 에너지
(原子力明るい未來のエ
ネルギー)'라고 쓰어 있는
데, '밝은(明るい)'을 '파멸

사진출처 : 『시사IN』 497호. 후쿠시마 원전 사고가 난 곳에 있
었던 간판 앞에서 원전 반대 피켓 시위를 하는 오누마. 그는
사진 뒤에 보이는 표어를 지은 당사자였다. **후쿠시마 원전사
고** 2011년 3월 11일 동일본 대지진과 거대한 쓰나미 여파로
발생한 원전 사고. 사고 관련 사망자는 3천여 명이었고, 12만
여 명이 피난했다.

(破滅)'이란 피켓으로 대체시켜 원전의 위험성을 경고하고 있어요. 재미있는 것
은 오누마가 '원자력, 밝은 미래의 에너지'란 표어를 지은 당사자였다는 점이에
요. 표어 공모에 뽑힌 것이라고 해요. 그 자신 실제로 원자력에 대해 표어처럼
생각했는데, 원전 사고 이후 생각이 180도 바뀌었다는군요. 오누마는 본래 후
쿠시마에서 4㎞ 떨어진 후타바읍에서 나서 자랐는데, 후쿠시마 원전 사고 후
500㎞ 떨어진 아이치현으로 피난을 갔고, 현재는 이바라키현에 살고 있다고
해요. 그는 "스리마일, 체르노빌, 후쿠시마까지 핵 발전소 사고는 계속 일어났
고, 인간에게 핵발전소 사고를 통제하거나 제어할 능력은 없다"라고 단언해요
(이상『시사IN』497호 46~47쪽 참조).

언젠가 김익중동국의대 교수, 경주 환경운동연합 연구위원장 교수의 '탈핵'강의를 들
은 적이 있어요. 일본은 지금 비등할 여론 때문에 후쿠시마 원전사고의 내용

을 정확히 공개하고 있지 않은데, 자신이 보기엔 거의 일본 전역이 오염된 것으로 본다고 하더군요. 그러면서 일본산 명태·고등어·대구는 앞으로 300년 동안은 먹으면 안 된다고 말했어요.

김 교수는 오누마와 같은 의견을 말해요. 핵 사고의 원인은 너무 다양하기에 핵 발전소 사고를 통제하거나 제어하는 게 어렵다는 거예요. 스리마일은 단순 노무자의 실수였고, 체르노빌은 과학자의 실수였으며, 후쿠시마는 자연재해였고, 다음 사고는 당연히 예측할 수 없는 새로운 원인일 거라는 거죠. 김 교수는 핵 사고를 방지할 방법은 '탈핵' 뿐이라고 힘주어 말해요. 탈핵은 전 세계적 추세로 우리는 그 추세를 따라가면 되며, 원전을 포기하면 마치 큰일이 날 것처럼 호들갑을 떠는 것은 호도된 여론일 뿐이라고 단언하더군요.

탈핵, 선택이 아닌 필수라고 해야 할 거예요. 살고 싶으면 없애야 하지 않을까요?

길에서 만난 한자어

☐ 각색	脚色	사실을 과장하여 재미있게 꾸미는 일
☐ 경각심	警覺心	정신을 차리고 조심하는 마음
☐ 탈핵	脫核	원자력과 관계된 모든 일에서 벗어남
☐ 비등	沸騰	여론이나 관심 따위가 물 끓듯 일어남
☐ 제어	制御	목적에 알맞은 동작을 하도록 조절함

原
근원 원

厂(언덕 한)과 泉(샘 천)의 합자. 언덕 밑에 있는 샘, 즉 수원지라는 의미. 근원이란 뜻은 본 의미에서 유추된 뜻.

예 원유(原乳)　　가공하지 않은 소의 젖
　　원주(原主)　　본디의 임자. 정당한 주인

破
깨뜨릴 파

石(돌 석)과 皮(가죽 피)의 합자. 뼈와 살에서 가죽이 분리되듯 돌을 산산 조각낸다는 의미. 石은 뜻을, 皮는 뜻과 음(피→파)을 담당.

예 파괴(破壞)　　때려 부수거나 깨뜨려 헐어 버림
　　파쇄(破碎)　　깨어져 부스러짐. 또는 깨뜨려 부숨

滅
멸할 멸

氵(水의 변형, 물 수)와 威(멸할 멸)의 합자. 지상의 물이 햇빛에 말라 다 없어졌다는 의미.

예 멸망(滅亡)　　망하여 없어짐
　　소멸(消滅)　　사라져 없어짐

未
아닐 미

屮(싹날 철)과 木(나무 목)의 합자. 오래된 나무에 잎사귀가 무성하다란 의미. 이런 상황은 정상적인 상황이 아니란 의미로 '아니다'란 뜻으로도 사용.

예 미완성(未完成)　　일이나 작품 따위가 아직 덜 이루어짐
　　미상불(未嘗不)　　아닌 게 아니라 과연

"마음으로 진실하게[誠] 구하면 비록 적중하지 못한다 해도 본래의 목표에서 그리 멀어지지는 않는다. 자식을 길러 본 뒤에 시집 가는 사람은 없다."

『대학』「제가치국」장에 나오는 한 대목이에요. 평범한 말이지만 비범한 뜻을 담고 있어요.

　사람은 대개 미지의 미래에 공포를 느끼죠. 이는 첨단 기술이 세상을 지배하는 오늘날도 마찬가지예요. 과거에 비해 예측 가능성이 높아졌다고는 하지만 여전히 공포감이 잔존하죠. 현재도 이러하니 과거는 오죽했겠어요?

　미지의 미래에 대비하기 위해 과거의 인간이 찾아낸 방법 중에 '성誠, 진실·정성'이란 가치가 있어요. 외부적 대책이 아닌 내부적 대책이죠. 『대학』의 저 구절은 이 내부적 대책을 비근한 예로 설명한 거예요. 자식을 낳고 기른다는 것은 미증유의 경험이에요. 공포감이 엄습하죠. 그러나 보통 결혼한 여성이라면 이

미증유의 사태를 별 탈 없이 해결
해 내요. 무엇이 그것을 가능하게
하는 걸까요?『대학』의 화자는 그
것을 성으로 보고 있어요. 진실한
마음이 출산과 양육이란 공포스
런 문제에 해답을 제시해 주기에
별 탈 없이 사태를 해결한다고 본
것이지요.

나아가 이 성은 집안과 국가를
경영하는 데도 적용될 수 있다고
『대학』의 화자는 말하고 있어요.
집안과 국가에 닥치는 미지의 공
포도 저 어머니의 성과 같은 자세
만 있으면 능히 해결할 수 있다고
보는 거지요. 비근한 사례를 들어
치가 치국의 요체를 말하고 있
는 인용구가 결코 평범하지 않다
는 것을 알 수 있겠지요?

사진은 벌교에 갔다가 어느 음식점 앞에서 찍은
사진. 이 음식점 주인에게 성실은 신의 지혜를 빌
어오는 주문이 아닐까? **벌교** 전남 보성군 벌교읍.
호남고속도로 대덕 JC 송광사 TG로 나오면 된다.
소설『태백산맥』의 무대이며, 꼬막 정식으로 유명
하다.

사진은 '오늘도 성실 (誠實)'이라고 읽어요. 성실은『대학』에 나온 성과 큰
차이가 없어요. 비석은 꼬막 정식을 파는 집 앞에 세워져 있는데, 처음엔 좀 이
상하다고 생각했어요. 음식점과 성실이 무슨 상관이 있나 싶어서요. 하지만 생
각을 달리하니 이해가 될 듯 싶더군요. 음식점도 미래를 낙관하기 어려운 사업

중 하나이죠. 이 음식점 주인은 그간의 어려움을 성실로 해결하지 않았나 싶어요. 하여 이 비석을 세워 놓고 앞으로도 문제가 생기면 성실로써 해결하겠다는 의지를 다지고 있는 것 아닌가 하는 생각이 든 거예요.

오늘도 성실, 이 음식점 주인에게 성실은 신의 지혜를 빌어 오는 주문이 아닐까요?

성실이란 가치는 요즘 왠지 빛바랜 가치처럼 느껴져요. 모든 것이 기계화 · 속도화 되다 보니, 인내와 노력을 요구하는 듯한 성실은 시대에 맞지 않는 가치 같다는 생각이 드는 거죠. 하지만 이는 피상적인 느낌이나 생각이에요. 성실은 여전의 우리의 마음에서 중요한 위치를 점하는, 아니 점해야 하는 가치라고 생각해요. 첨단 기술이 빚는 초대형 사고가 성실과 반대되는 안일과 방심에서 비롯되는 것을 보면 더욱 그런 생각이 들어요.

길에서 만난 한자어

☐ 비범	非凡	평범한 수준보다 훨씬 뛰어남
☐ 잔존	殘存	없어지지 않고 남아 있음
☐ 미증유	未曾有	지금까지 한 번도 있어 본 적이 없음
☐ 치가	治家	집안일을 보살펴 다스림
☐ 치국	治國	나라를 다스림
☐ 요체	要諦	중요한 점. 핵심

言(말씀 언)과 成(이룰 성)의 합자. 언행이 일치하여 진실하다는 의미. 言은 뜻을, 成은 뜻과 음을 담당.

예 성심(誠心)　　　정성스러운 마음
　　성의(誠意)　　　참되고 정성스러운 뜻

정성 성

宀(집 면)과 貫(꿸 관)의 합자. 집에 돈 꾸러미[貫]가 가득하다는 의미.

예 충실(充實)　　　내용이 알차고 단단함
　　실증(實證)　　　사실을 바탕으로 증명함. 또는 그런 사실

실할 실

知(알 지)와 日(해 일)의 합자. 태양이 만물을 환하게 비추듯 사물의 이치를 훤히 안다는 뜻.

예 지략(智略)　　　뛰어난 슬기와 계략
　　기지(機智)　　　경우에 따라 재치 있게 대응하는 슬기

슬기 지

心(마음 심)과 彗(비 혜)의 합자. 비로 오물을 청소하듯 잡념을 떨치고 얻은 맑은 생각이란 의미. 心은 뜻을, 彗는 뜻과 음을 담당.

예 혜민(慧敏)　　　슬기가 있고 민첩함
　　혜안(慧眼)　　　사물을 꿰뚫어 보는 지혜로운 눈

슬기 혜

자연이라는 벗

꽃은 무슨 일로 피면서 쉬이 지고
풀은 어이하여 푸르는듯 누르나니
아마도 변치 않을 손 돌 뿐인가 하노라
― 윤선도의 「오우가」 중

　살면서 가장 힘든 때는 타인에게 상처받을 때요. 그 상처로 어떤 이는 영영
세상과 결별하여 지내기도 하고, 어떤 이는 세상을 뒤엎으려 하기도 하고, 어떤
이는 더 큰 사랑으로 세상을 이해하고 감싸 안으려 하죠. 그런데 그 모두의 마
음을 다 같이 위무하는 존재가 있어요. 바로 자연이죠. 자연은 세상과 결별하
여 지내려는 이에게는 안식과 평화를 주고, 세상을 뒤엎으려 하는 이에게는 웅
혼한 기상과 의지를 키워 주고, 세상을 이해하고 감싸 안으려는 이에게는 관대
한 마음을 길러 주죠. 자연은 인간을 치료하는 의사이자 격려하는 스승이며 감
싸 주는 어머니 같은 존재라고 할 수 있어요.

사진의 한자는 '고산 윤
선도 오우가비(孤山 尹善
道 五友歌碑)'라고 읽어요.
아래는 '수(水) 석(石) 송
(松) 죽(竹) 월(月)'이라고
읽고요. 이 제하에「오우가」
가 새겨져 있어요

고산 윤선도의 오우가비. 사진은 동숭동에 갔다가 찍은
것인데, 알고 보니 윤선도의 출생지는 해남이 아니라 서
울이었다. **마로니에 공원** 서울시 종로구 동숭동. 지하철
4호선 혜화역에서 내려 찾으면 된다. 근처에 학림다방이
있다.

사진은 동숭동에 갔다가
찍은 거예요. 전 윤선도의 고
향이 해남인 줄 알았어요. 그
가 조성한 보길도가 해남에
있어서요. 그런데 그의 출생지는 서울이더군요. 현재의 이화동 근처라고 해요.
아마도 선대는 해남에 뿌리를 내렸고 윤선도의 아버지는 서울에 거주하며 그
를 낳은 것이 아닌가 싶어요.

고산 윤선도1587-1671는 20여 년의 세월을 유배로 보냈던 사람이에요. 인
간에게 더없이 실망한 사람이라고 할 수 있을 거예요. 그를 치유해 준 것은 자
연이었어요. 그중에서도 더욱 특별했던 벗은 물과 돌과 소나무와 대나무 그리
고 달이었어요. 첫머리에 인용한 시의 소재는 돌이에요. 그가 돌에서 배운 것은
'변치 않음'이죠.

인간에게 실망하여 자연을 벗 삼았던 윤선도. 아마 보길도 같은 낙원을 건설하여 지내면서 나름 마음의 치유를 경험했을 거예요. 그러나 끝내 자연에서 살고자 했던 것은 아니었을 거예요. 자연에서 변치 않을 인간의 가치를 찾는다는 것은 역으로 그가 인간 세상사회을 얼마나 그리워했나 하는 것을 말해 주기 때문이지요. 그렇지 않다면 굳이 자연에서 인간 세상의 가치를 찾으려 할 필요가 뭐 있겠어요. 「오우가」에서 윤선도의 은둔자적인 면모만 보는 것은 단견일 거예요.

수년 전 솜이 물이 빨아들이듯 『한비자』를 읽은 적이 있어요. 인간의 부정적인 면모를 거울로 비추듯 그려낸 것을 보고 감탄을 금치 못했어요. 당시 주변의 이기적인 행태에 환멸을 느끼던 터라 더더욱 공감이 가더군요. 절실한 경험이 있을 때야 고전의 맛을 느낄 수 있다는 것을 새삼 느꼈어요. 「오우가」도 마찬가지더군요. 삶의 신산함을 맛본 나이에 읽은 「오우가」는 학창 시절에 읽은 오우가와는 확실히 다른 느낌을 주더군요. 고전이 어렵거나 재미없는 것은 그 작품 자체가 어렵거나 재미없다기보다는 혹 읽는 이의 체험이 일천하기에 그런 것은 아닌지 모르겠어요.

길에서 만난 한자어

☐ 위무	慰撫	위로하고 어루만져 달램
☐ 선대	先代	조상 세대
☐ 제하	題下	제목 아래
☐ 신산	辛酸	힘들고 고된 세상살이

외로울 고

子(아들 자)와 瓜(오이 과)의 합자. 덩그런 오이 하나처럼 부모 없는 외톨이 자식이란 의미.

예 고아(孤兒)   부모를 여의거나 부모에게 버림받아 몸 붙일 곳이 없는 아이

고독(孤獨)   쓸쓸하고 외로움

벗 우

二(두 이)와 又(手의 변형, 손 수)의 합자. 뜻이 통해 서로 손을 맞잡은 사이란 의미.

예 우정(友情)   벗 사이의 정

우애(友愛)   형제간 또는 친구 사이의 사랑이나 정분

노래할 가

欠(하품 흠)과 哥(소리 가)의 합자. 소리를 내어 읊조리다[欠]란 의미.

예 가수(歌手)   노래 부르는 것을 직업으로 삼는 사람

가요(歌謠)   민요·동요·유행가 등의 속칭

비석 비

石(돌 석)과 卑(낮을 비)의 합자. 희생용 동물을 묶어 놓거나 혹은 시간을 파악하기 위해 또는 죽은 이의 무덤을 표시하기 위해 세워 놓은 키 작은 돌이란 의미.

예 비석(碑石)   돌로 만든 비

비문(碑文)   비에 새긴 글

어느 고양이의 독백

어때요? 멋져 보이나요? 모처럼 포즈를 잡고 사진을 찍었는데…. 우리는 모녀지간이에요. 맞춰 보세요? 누가 모고 누가 녀인지? 쉽지 않죠? 후후. 왼쪽이 제 딸이고, 오른쪽이 저예요. 딸은 올해 다섯 살이고 저는 여덟 살인가 아홉 살인가 그래요. 자기 나이도 제대로 모르냐고요? 글쎄, 그게 말이죠, 제가 이 집에 들어올 때 저는 이미 성숙한 고양이였거든요. 아니, 그래도 데려다준 사람이 있을 테니 나이를 알 수 있잖냐고요? 아, 제가 이 집에 들어온 건 누가 데려다줘서가 아니라 제 발로 들어왔어요. 전에 있던 집에서 가출해 먹을 게 없어 이 집을 얼쩡거렸는데, 이 집 아이들과 아줌마가 제법 친절하더라고요. 처음엔 밖에다 음식을 주더니 어느 날 저를 방 안으로 들였어요. 아, 처음 방 안으로 들어오던 날의 그 포근함. 아마도 전 영원히 못 잊을 거예요.

그런데 어느 날 출입문이 잠깐 열린 틈에 전 갑자기 밖으로 나가고 싶은 충동을 느꼈어요. 그래서 살짝 밖으로 나왔죠. 아무도 눈치를 못 챘어요. 그 날 이 집 안에서는 아이들의 대성통곡큰 소리로 목 놓아 슬피 욺과 아줌마가 아저씨를 타

214

웅아(오른쪽)와 애기(왼쪽). 웅아는
길양이 였다. 애기는 웅아의 딸. 아
내와 아이들 덕분에 고양이를 좋
아하게 되었다.

박하는 소리가 들렸어요. 출입문을 열어 놓은 것이 바로 아저씨였거든요. 이 집에
서 저를 꺼리는 사람은 아저씨 뿐이었어요. 털이 날려 싫다는 거였지요. 하지만
아이들과 아줌마가 저를 끔찍이 아끼는지라 아저씨도 어쩔 수 없이 받아들였죠.
이런 아저씨였으니, 아줌마와 아이들이 아저씨를 오해할 만도 했죠. 일부러 저를
내보낸 것이라고요. 그러나 제가 밖으로 나간 건 주인아저씨 때문이 아니었어요.
그저 제가 나가고 싶어 나간 것이었죠. 아저씨는 억울했을 거예요.

전 약 한 달간 여기저기 떠돌아다녔어요. 옛날에 다니던 장소에도 가고 낯선
장소에도 가보고 그랬죠. 그사이 힘센 녀석을 만나 여기저기 얻어터지기도 했
고, 음식을 잘못 먹어 죽을 뻔하기도 했죠. 그리고 그사이 잠시 눈에 콩깍지가
끼어 한 놈과 연애도 했고요. 덕분에(?) 아이도 갖게 됐고요. 그 놈은 제게 단물
을 다 빼먹었는지 어느 날 소리소문없이 사라졌어요. 하지만 저는 굳이 그놈을

찾지 않았어요. 전 애면글면 하는 게 제일 싫거든요. 그런데 배 속의 아이가 점점 커지자 몸이 무거워 돌아다니기가 힘들어졌어요.

전 할 수 없이 다시 이 집으로 돌아왔죠. 돌아오던 날, 아이들과 아줌마가 눈물을 글썽이며 하던 말을 기억해요. "어디갔다 이제 왔니? 우리가 너를 얼마나 찾았는데…." 멀대같은 아저씨도 이때 만큼은 반가운 표정을 짓더군요. 그 사이 아이들과 아줌마에게 받은 설움도 많았으련만. 전 아저씨에게 미안하다고 말했죠. "냐~ 옹."

다시 돌아온 이 집에서 전 아이를 출산했어요. 그런데 보통 우리 고양이들은 순산하는데, 전 난산이라 제왕절개를 해서 아이를 낳았어요. 아줌마가 직장에 휴가까지 내고 병원에 데리고 갔죠. 다섯 아이를 낳았고, 아이를 낳은 후엔 중성화 수술을 받았어요. 제가 가임 주기가 짧아 그대로 두면 너무 아이를 자주 낳고 그러다 보면 낳은 아이들을 건사할 수 없기 때문에 내린 결정이었어요. 자연스럽지 못한 처사였지만 저를 키우고자 하는 아줌마의 처지를 생각해 내린 어쩔 수 없는 선택이었지요.

병원에 있으면서 제 이름을 갖게 됐어요. 처방전에 제 이름을 써야 하는데, 간호사분이 아줌마와 아이들에게 제 이름이 뭐냐고 물어보더군요. 그때 이 집 큰딸아이가 '웅야'라고 하면 어떠냐고 해서 그게 제 이름이 됐어요. '야웅'을 거꾸로 읽고 음을 약간 바꿔서 부른건데, 처음엔 어색하게 들렸지만, 자꾸 들으니 정감이 가더군요. 이름을 갖게 됐던 날, 제 처방전에는 '웅야님 귀하'라고 써 있었어요.

아이들은 조금 크자 바로 분양을 시켰어요. 그런데 한 녀석만 다시 되돌아왔어요. 바로 지금 같이 사는 딸아이예요. 분양해갔던 집 아주머니가 털 알레르기가 있어 되돌려 보냈다고 해요. 딸아이를 다시 분양할 곳을 물색하던 중 이집 아들아이가 '옹야' 혼자 있는 게 외로우니 같이 키우면 어떻겠냐는 제안을 했어요. 아줌마와 딸아이는 찬성을 했지만, 주인아저씨는 난색을 표했어요. '하나도 버거운데 둘 씩이나…' 이런 생각 때문이었지요. 하지만 아줌마의 애교 작전과 아이들의 읍소눈물를 흘리면서 간절히 호소함에 넘어가 결국 딸아이는 이 집에 남게 됐어요. 딸아이에게 어느 날 아줌마가 '애기'라고 불렀는데, 이 '애기'가 그냥 딸아이의 이름이 됐어요. 지금은 다섯 살이나 먹어 저보다 등치가 큰데도 여전히 '애기'라고 부르니, 왠지 좀 우스워요.

딸아이는 식성이 까다로워요. 아줌마가 주는 사료와 이따금 간식으로 주는 멸치만 먹지 다른 것은 일절 안 먹어요. 저는 완전 잡식성이에요. 먹을 수 있는 건 다 먹지요. 딸아이는 절대 주인아줌마나 아이들 무릎 위에 올라가지 않아요. 멀찌감치 떨어져서 바라보기만 하죠. 저는 안 그래요. 틈만 나면 주인아줌마나 아이들 배 위나 다리 위에 올라가 앉죠. 이따금 아저씨 다리 위에 앉기도 해요. 이 아저씨, 참 많이 변했어요. 처음엔 질색했는데 제가 올라가도 가만히 있거든요. 그래도 여전히 제가 묻히는 털이 싫은가 봐요. 늘 입버릇처럼 말하죠. "이녀석 털만 안 빠지면 좋겠는데…."

이 집에서 5년을 지내는 동안 아이들이 커가는 것과 아저씨·아줌마가 나이 먹어가는 것을 지켜봤어요. 여느 일반 가정과 다를 바 없는 평범한 집이라 뭐 특별한 일은 없었어요. 매일 그 날이 그 날 같았죠. 지금도 마찬가지고요. 이 집

은 아저씨와 아줌마가 직장 생활을 하는 집이라, 낮에는 사람이 없어요. 아이들도 전에는 집에 있었는데 지금은 외지에 나가 있죠. 아무도 없는 빈집에 딸아이와 둘이 있을 때면 가끔 돌출 행동을 할 때가 있어요. 아저씨가 보면 질겁할 일이지요. 딸 아이와 달리기 시합을 하거나 숨바꼭질을 하거든요. 털이 엄청 날리죠. 아저씨한텐 미안한 일이지만(이 집은 아저씨가 청소 담당이거든요) 어쩔 수 없어요. 그렇게 하지 않으면 몸이 찌뿌둥하거든요. 단순히 기지개를 켜거나 하품을 하는 것 가지고는 찌뿌둥한 게 풀리지 않아요. 전에는 달리기 시합과 숨바꼭질 하는 것에 대해 아저씨한테 미안한 마음을 가졌었는데, 요즘은 나이가 먹어서 그런지 좀 뻔뻔한 생각을 해요. 우리가 집을 지켜주니 이 정도는 이해해 줘야 하는 거 아니냐는 생각을 하거든요. 후후.

우리가 먹는 나이는 사람이 먹는 나이와 달라요. 제 나이는 사람 나이로 치면 노년기에 들어선 나이라고 할 수 있고, 딸아이도 중년기에 들어선 나이라고 할 수 있어요. 노년기에 들어서서 그런가, 제가 어쩌다 아무 데나 실례를 하는 경우가 있어요. 주인아저씨는 처음에는 칠색팔색을 했는데, 이제는 아무렇지도 않게 실례한 것을 치워줘요. 그러면서 저를 불러 머리를 쓰다듬으며 말하죠. "웅야, 실례는 꼭 제자리에 했으면 좋겠구나." 저도 미안해서 얼굴을 붉히며 대답하죠. "냐~옹."

나이를 먹어서 그런지 지나간 옛날이 생각 날 때가 많아요. 그러면서 앞날도 생각하게 돼요. 요즘 가장 큰 걱정은 이 집 식구들과 이별하는 거예요. 언제 그 이별의 시간이 닥쳐올지 모르지만, 모쪼록 크게 슬프지 않게 이별했으면 싶어요. 그게 나를 이 집에 살게 해준 이 집 식구들에게 해줄 수 있는 최대의 보답이

218

라고 생각하기 때문이죠.

최근 이 집 아줌마가 몸이 아파 휴직을 하고 집에서 쉬게 됐어요. 수술도 받기로 돼있고요. 몸이 많이 야위었더라고요. 아무것도 해줄 수 있는게 없어 안타까워요. 언제가 아저씨가 저를 품에 안고(그래요, 안아주기도 해요! 정말 많이 변했죠!) 그러더군요. "웅야, 너도 엄마이 집 아줌마를 위해 기도 좀 해주렴. 건강하시라고." 당연히 그러마고 대답했죠. "냐～옹."

오늘은 제법 날씨가 좋네요. 바람도 산들바람이고 햇볕도 따뜻하고. 창가에 가서 한숨 자야겠어요. 너무 많은 말을 쏟아 냈더니 좀 피곤하네요. 아, 고양이를 한자로 뭐라고 하는지 아세요? 그래요, 猫묘라고 하지요. 猫는 본래 貓로 표기했어요. 貓는 豸狸의 약자, 삵 리와 苗싹 묘의 합자예요. 집에서 기르는 삵과 닮은 동물이란 의미예요. 豸로 의미를 표현했어요. 苗는 음을 담당하면서 뜻도 일부분 담당해요. 삵과 닮았으며 식물의 싹을 해치는 쥐를 잘 잡는 동물이란 의미로요. 고양이 묘. 猫(貓)가 들어간 예는 무엇이 있을까요? 흑묘백묘黑猫白猫, 검은 고양이 흰 고양이, 묘항현령猫項懸鈴, 고양이 목에 방울 달기. 실행하기 어려운 공허한 논의 등을 들 수 있겠네요.